**가게가 없어도
잘 팔 수 있어요**

가게가 없어도
잘 팔 수 있어요

이소키 아쓰히로 지음
이정희 옮김

로컬에서 '작은 장사'로
자유로워진 사람들

목요人

'작은 장사'*라는 말에서 어떤 이미지가 떠오르나요?
아마 작은 장사의 '작은'이 무엇을 가리키는지에 따라 다를 것입니다.

'돈'을 가리킨다면 소소한 용돈벌이.
'시간'이라면 틈틈이 짬을 내어 하는 소일거리.
'개인'을 지칭한다면 혼자서 취미처럼 즐기는 일.

그러나 이 책에서 다루는 '작은 장사'는 위와는 달리 '마음을 담아 만들 수 있는 만큼만 만들어' '손님과 얼굴을 마주 보며 거래하고' '지역의 작은 경제에 활기를 불어넣는' 방식입니다.

● 원어로는 '小商い'이다. 고아키나이로 읽히는 이 말은 현재 일본에서 하나의 고유명사처럼 통용되고 있다. 이 책에서는 '작은 장사'로 번역했다.

즉 'DIY'로 만들어 'Face to Face'로 거래하며 'Local'을 살리는 일입니다.

이 방식은 짬을 내어 하는 용돈벌이도 아니고 세월을 보내기 위한 소일거리도 아니며 시골에서 작은 벌이를 전전하는 일도 아닙니다. 자신이 진짜 하고 싶은 일로 생계를 꾸리려는 분투이자 정신적으로는 자유롭게 해방된 일하기 방식입니다.

구두 장인, 액세서리 공예가, 커피 바리스타, 주먹밥 빚는 사람, 과자 굽는 제과사…….

지방에서 작은 장사로 본격적인 생활을 꾸리는 이들에게 흥미를 느껴 호기심이 이끄는 대로 많은 사람들을 인터뷰하면서 '지금'이라는 시대의 분위기도 느낄 수 있었습니다. 거기에서 발견한 것은 상품도 일도 모두 자신이 직접 만들겠다는 DIY 정신과 사람과의 관계 속에서 장사를 키워가고자 하는 태도였습니다.

자신이 제작한 상품을 직접 판매하는 마켓은 일본 전역에서 활기를 띠고 있습니다. 또한 바다 건너 미국에서는 DIY 스타일과 유기농 문화가 일부 지역에 정착했고 긴장을 털어낸 그들의 생활방식 자체가 일본에 유입되어 주목받고 있습니다.

그러나 보소이스미房総いすみ 지역이 흥미로운 점은 작은 장사를 하는

이들이 그런 시대 흐름을 신경 쓰지 않고 독자적으로 '작은 장사 문화'를 발전시키면서도 이 조류의 큰 부분을 차지하고 있다는 것입니다. 바로 그 점에서 이들이 '흉내'가 아니라 '진짜'라고 느낍니다.

처음에는 보소이스미 지역을 시작으로 전국에서 싹트고 있는 '작은 장사' 방식을 지향하는 사람들의 자세와 철학, 사회적 의미까지 발견하고 싶었습니다. 그러나 실제로 만나 이야기를 들으면서 처음 의도와는 달리 '작은 장사'로 풍요로운 삶을 꾸릴 수 있는 구체적이고 개성 있는 비법까지 얻을 수 있었습니다.

테마는 '지방×작은 장사'의 협업.
이 책은 작은 장사로 자유롭게 일하며 살아갈 수 있는 삶의 가능성을 모은 기록입니다. 'DIY'이자 'Face to Face'이며 'Local'이기도 한 일하기 방식, 삶의 방식이 지금 지방이라는 무대에서 서막을 올렸습니다.

차례

1장 '지방×작은 장사'의 실천가들

2장 작은 장사와 마켓 컬처

3장 확장하는 'Do It Yourself'

'작은 장사'와 '마켓'이 활발한 '보소이스미 지역'은 어떤 곳인가?

'보소이스미 지역'은 일반적으로 알려진 지역명도 아니고 행정구역을 가리키지도 않습니다. 지바 현 보소房総 반도 남동부에 위치한 이스미 시와 그 주변에 있는 오타키 정, 모바라 시 등지의 시정촌市町村을 아울러 부르기 위해 이 책에서 만든 말입니다.

직접 만들어서 손님과 얼굴을 마주하고 판매하는 일을 주업으로 하는 사람들이 자연스럽게 모여든 이 지역에는 30~40대가 중심인 이주자와 지역 출신자들 간의 커뮤니티도 원만하게 형성되어 있습니다. 이들이 하는 장사의 특징은 지역 내 곳곳에서 열리는 '마켓'이 중요한 활동거점이라는 점입니다. 점포 없이 마켓 출점만 하는 사람도 있고 점포 운영과 마켓 출점을 병행하는 사람도 있습니다. 손님 대부분은 보소이스미 지역에서 오고 멀게는 현청 소재지인 지바 시 근처에서 차를 타고 옵니다.

보소 반도 중심에는 남북으로 이어진 크고 작은 산간부가 있고 보소이스미 지역은 그 동쪽 평야지대에 위치해 있습니다. 차가 필수인 지역 사회는 산길을 경유하는 이동을 꺼리기 때문에 인구가 많은 지바 시나 우치보소內房総(보소 반도의 서쪽) 지역과는 또 다른 풍토가 조성되어 있다는 것이 보소이스미 지역의 특징입니다.

　　남북 평야지대를 잇는 '보소이스미 지역'은 행정구역 구분을 넘어선 하나의 생활 권역입니다. 대부분이 농촌과 어촌으로 인구밀도는 낮지만 전체 인구는 20만 명 정도에 달합니다.

이바라키 현(茨城県)

사이타마 현(埼玉県)

지바 현(千葉県)

도쿄 도(東京都)

지바 시(千葉市)

도쿄 만 아쿠아라인

가나가와 현(神奈川県)

모바라 시
(茂原市)

이스미 시
(いすみ市)

오타키 정
(大多喜町)

보소이스미

(房総いすみ)

지역

이스미 시
인구 = 약 4만 명
인구밀도 = 약 245명
(약 1㎢당, 지바 현 전체로는
약 1,207명)

오타키 정
인구 = 약 1만 명
인구밀도 = 약 76명

모바라 시
인구 = 약 9만 명
인구밀도 = 약 898명

1장

'지방 × 작은 장사'의
실천가들

원하는 대로, 즐겁게, 하루 종일 만든다. 시골 마을에 별안간 나타난 서커스 같은 텐트 군단,

놀랄 만큼 질이 좋은 상품을 늘어놓고 많은 손님을 맞는다. 도대체 뭐 하는 사람들이지!?

지방에서 싹트는
작은 장사의 창조성

환영 같은 작은 장사의 경제

신기한 사람이구나 싶었다. 마켓에 출점한 그 사람은 액세서리를 만들어 파는 것으로 생계를 잇는다고 했다. 업자의 면모도 없고 한눈에 봐도 개인적으로 한다는 것을 알 수 있다. 담담하게 '당연한 거잖아'라는 분위기를 풍기며 서 있을 뿐이다. 나중에 들었는데 고정점포도 없고 인터넷 판매도 하지 않는단다.

이곳은 도심도 아니고 지방 거점 도시도 아니다. 국도변을 제외하면 대부분 끝없이 펼쳐진 논과 초목 사이에 드문드문 집이 서 있을 뿐인 마을이다. 이곳에 사는 할아버지가 관광객을 향해 "여기 뭐 볼 게 있다고"라며 자조 섞인 말을 던진다. 전철은 한 시간에 한두 대 다닐 뿐이고 무인역인 곳도 많다. 요즘 말로 하자면 볼 거라곤 '1도 없는' 마을이다.

그러나 한 달에 5만 엔만 있으면 월세를 낼 수 있고 혼자 살면 대략 15만 엔으로 생활할 수 있는 곳이기도 하다. '열심히 팔면 그 정도는 벌 수 있겠지'라고 생각했으나 매달 15만 엔을 수공예 액세서리 판매만으로 충당하려면 손님 수가 절대적으로 부족하지 않을까 싶었다.

점점 신기한 사람들이 모여들었다. 마켓에 출점한 이들과 이야기를 나누다 보니 액세서리나 음식을 만들어 파는 일이 결코 부업이나 취미가 아니라는 걸 알 수 있었다. 사람을 대할 때는 다정다감하지만 자신이 만든 것을 대할 때는 엄격하다. 평일, 휴일 상관없이 생활의 중심에 좋아하는 일을 두고 있지만 '지금 이대로가 좋아'라는 히피 스타일의 인물들도 아니다.

직업상 궁금한 것은 바로 물어보는 편이지만 "실제로 벌이는 어떠신가요?"라고 생계와 돈에 대해 직접적으로 묻는 것은 아무래도 실례라서 "다들 실생활은 어떠신가요?"라고 전략을 바꿔보았다. 일단 대답을 잘 해줄 것 같은 사람을 물색해 슬쩍 질문을 던져보았지만 생각만큼 성과는 없었다. 뭐, 다들 어른이니까. 하지만 이곳에 '본업으로서의 작은 장사'가 곳곳에서 이루어지고 있는 것은 사실이다. 작은 장사가 지역에 뿌리내리고 있는 듯했다.

2년 전 도쿄에 살았을 때의 일이다. 어느 일요일, 빈둥거리며 SNS를 보고 있는데 잡지 『스펙테이터Spectator』에서 다음 호 특집으로 '작은 장사'를 다룬다는 내용이 눈에 들어왔다. 바로 그날 편집부가 특집을 위해 우리 집 근처 상점가에서 작은 장사를 직접 시도한다는 것이다.

달콤한 연기를 하늘하늘 피워 올리고 있는 낯익은 물담배 가게 앞에 테이블 두세 개가 흐트러져 있었다. 잡동사니들이 놓여 있었는데 처음에는 멀리서 지켜만 보다가 가까이 가서 보지 않으면 뭔지 알 수 없을 정도로 자질구레한 물건들이라 어쩔 수 없이 다가갔다. 거기에는 수집가가 모았을 것 같은 먼지가 잔뜩 쌓인 장난감, 낡은 책, 낡은 가구…… 아무튼 낡았다고 할 수 있는 온갖 것들이 진열되어 있다고 하기에도 뭣하게 그냥 널려 있었다.

모든 것이 낡았고 전체적으로 색은 누렇게 바래 있었다. 재빠르게 전부 훑고 나서 뭘 할지 망설이는 사이에 『스펙테이터』 스태프는 박스에서 역시나 작고 색 바랜 것을 주섬주섬 꺼냈다.

"이게 뭔가요?" 성냥갑보다 조금 커 보이는 상자를 집어 들고 물었다. "아, 그건……" 뭔가 겸연쩍은 눈치다. 옛날 정력제란다. 그것 외에도 외국산 최음제 따위가 있다. 진지하지만 과장된 어투의 약효 문구에 모여들기 시작한 손님들 사이에서 수컷 분위기가 한바탕 즐겁게 달아올랐다.

'작은 장사'라고 한마디로 일컬어도 들여다보면 종류는 다양하다. 보소이스미 지역 곳곳에서 이루어지고 있는 작은 장사를 하는 사람들의 큰 특징은 상품을 매입해 판매하는 것이 아니라 자신이 직접 만들어 판매한다는 것이다. 그리고 이 지역에 그들이 출점하는 마켓 수가 꽤 많은 데 비해 정작 마켓의 존재를 알고 있는 지역 사람들은 그리 많지 않은 것도 특이한 점이다.

그 이유는 마켓 개최 정보가 지역 이벤트를 알리는 가장 일반적인 '마을 소식지'에 실리지 않고 SNS나 카페, 점포에서 배부되는 전단지를 통해서만 전달되기 때문이다. 독립적인 활동이 무엇인지 제대로 보여준다. 또한 개최 다음 날이면 마켓은 흔적도 없이 사라지고 게다가 출점자 대부분은 고정점포도 갖고 있지 않다. SNS를 이용하지 않는 사람들에게는 환영幻影 같겠지만 시골에서 작은 장사를 하는 사람들에게는 실재다. 그들 대다수가 작은 장사로 생계를 이어가고 혹은 그러기 위해 심혈을 기울이

고 있으니까.

　전국으로 취재를 다니다 보면 매력적인 사람들과 앞선 문화를 접할 기회가 많기 때문에 내가 사는 곳 바로 근처의 일상생활을 쓸 일은 거의 없을 거라고 생각했다. 하지만 그건…… 어마어마한 착각이었다. 이 책 쓰는 걸 구실 삼아 친구이기도 한 그들에게 다시금 "실제로 벌이는 어떤가요?"라고 질문을 던졌는데 그것도 생각보다 무척 재미있었다.

점포가 없는 '작은 장사' 실천가들

보소이스미 지역에서 작은 장사로 자기만의 표현을 해나가는 사람들. 실력은 있지만 고정점 포는 없는 이들이 많다. 장사할 장소도 스케줄도 자유롭게 디자인하며 긴장을 풀고 즐겁게 살아가는 듯 보인다. 좋아하는 일을 최대한 즐기다 보니 주업이 되었을 뿐이다.

고정지출이 들어가는 고정점포를 선택하지 않는다면 넘어야 할 최초의 허들이 낮아진다. 즉 작게 시작하기 쉽다. 장사를 지속하는 데에도 부담이 적다. 물론 매장이 없으니 어디서 어떻게 팔아야 할지 고민해야 하지만 지방만이 갖고 있는 공간적, 인적 틈새가 밑받침이 되어준다.

작은 마을에서 서로 얼굴을 마주하는 '작은 장사'를 통해 사람과 연결되고 그 덕분에 손님의 만족감과 반응을 즉각 알아챌 수 있는 일하기 방식은 하면 할수록 살아가는 모든 일이 '자기 하기 나름'이란 걸 깨닫게 해준다.

하고 싶은 일을 생활의 중심에 놓고 자신의 삶을 자기 손으로 만들어 가는 그들의 이야기에서 작은 장사로 자유롭게 살 수 있는 실마리를 찾을 수 있다.

도쿄에 있었다면
시작하지 않았다

이소키 도모코 磯木知子

〈Another Belly Cakes〉

케이크 가게

내용 케이크 제작 판매 | **창업** 2015년 1월 | **주요활동(판로)** 마켓 출점, 공방에서 직접 판매, 주문 케이크 수주, 일일카페 | **상품단가** 250엔~400엔 | **1일 최고판매액** 약 9만 엔 | **초기 투자금** 약 5만 엔 | **경비** 케이크 재료 매입 비용 | **부업** 없음

마켓 출점 빈도 월 8~10회 | **일일카페 빈도** 월 3회 정도 | **공방 직판 빈도** 월 1회

프로필 1977년 생. 니가타 현 다이나이 시 胎内市 출신. 이스미 시 거주 | **가족** 남편 | **한 달 생활비** 약 17만 엔

"질 좋은 재료를 무슨 수로 이겨요."

먹거리를 업으로 삼는 사람들이 하나같이 하는 말이다. 도쿄에 있는 여러 제과점에서 경험을 쌓고 이스미 시에서 무점포 프리랜서 파티셰를 시작한 이소키 도모코 씨. 그녀는 보소이스미 지역에서 생산되는 풍부한 과일로 케이크를 만들며 기쁨을 발견하고 있는 사람이다.

근처에서 철마다 재배되는 과일에 따라 만드는 케이크도 달라진다. 정해진 메뉴는 없지만 희소성으로 승부한다. 생애 단 한 번 만나는 손님일지도 모를 이들에게 건네기 위해 지금이 아니면 먹을 수 없는 케이크를 만든다.

지역의 제철 재료로 만든 케이크를 무점포로 판매

'Another Belly Cakes'라는 이름은 무슨 뜻인가요?

'Belly'가 몸통이나 배를 의미하니까 'Another Belly'는 별도의 배란 뜻이에요. 배가 불러도 별도의 배로 얼마든지 먹을 수 있는 맛있는 케이크라는 의미지요.

어떻게 영업하나요?

점포는 없고 주로 마켓에 출점해요. 그리고 한 달에 한 번 가는 공방에서 직접 판매하고 생일 케이크나 웨딩 케이크 주문도 받아요. 일일카페를 개최하기도 해요. 이 주변에는 주말에만 운영하는 카페가 많거든요. 평일에 가게를 하루 빌려서 친한 바리스타랑 같이 식사와 케이크, 음료를 내는 거죠. 밥 짓기 달인을 게스트로 초대하는 식으로 매회 테마를 바꾸려고 노력하고 있어요.

마켓 출점은 이동이나 준비 등으로 무척 힘들 것 같은데 왜 이런 방식을 선택했나요?

고정점포와 달리 돈이 들지 않거든요. 그리고 제가 매장 안에서 내내 손님 기다리는 일을 잘 못해요. 마켓에서 다양한 사람들을 만나는 편이 훨씬 즐겁고, 현장에서 손님에게 "와, 이런 케이크 먹고 싶었는데"라는 말을 듣는 것도 엄청 기쁘고요.

직접 만드신 케이크는 무엇이 특별한가요?

간단하게 말하면 유제품, 버터, 생크림, 우유, 달걀을 사용하지 않고 식물성 원료로만 만든 케이크라는 거예요. '내가 사는 지역에서 나는 먹거리를 먹자'라는 매크로바이오틱* 사고방식을 기본으로 하죠. 주변에서 얻을 수 있는 제철 재료를 사용하는 케이크는 신선하고 맛있어요. 게다가 케이크 가격도 비싸지 않고요.

이 주변에서 나는 케이크 재료로는 무엇이 있나요?

단호박이나 고구마도 사용하지만 대부분이 과일이에요. 이스미 지역은 과일이 정말 풍부하거든요. 예전에 친구가 하던 무농약 과수원에서는 계절마다 살구, 키위, 블루베리, 귤, 레몬, 오렌지, 감, 밤 등을 재배했어요. 거의 일 년 내내 지역에서 갓 딴 과일을 사용할 수 있다는 건 저처럼 케이크 만드는 사람에겐 매우 좋은 환경이지요. 저도 정원 텃밭에서 여러 과일을 키우는데 올해 만든 케이크에 들어간 딸기는 모두 제가 재배한 거예요.

언젠가는 모든 재료를 직접 재배해서 사용할 계획인가요?

아니요, 원하는 만큼만 조금 재배하는 걸로 만족해요. 이 주변에는 전문적이고 훌륭한 농가가 많으니까요. 케이크 판매용 목제 쇼케이스는 목수 친구가 만들어주고, 케이스 장식이나 드라이플라워는 마켓에 함께 출점하는 동료가 도와주고 있어요. 혼자서 전부 하는 것보다 신뢰할 수 있는 사람에게 부탁하면 아는 분들도 많이 생기고 서로 소개도 해줄 수 있어서 좋지요. 사람들과 이야기를 나눌 수 있는 계기도 되니까 그 과정에서 케이크에 흥미를 갖게 되는 분들도 생기더라고요.

● macrobiotic, 곡물과 채소를 중심으로 자신이 사는 토지에서 나는 제철 음식을 뿌리부터 껍질까지 통째로 섭취하는 식생활 방식.

지명도는 낮아도 제 몫은 벌 수 있다

보소이스미 지역에는 케이크 매장이 몇 곳이나 있나요?

차로 편도 삼십 분 이내에 아마 두 군데. 조금 더 가면 개인 매장도 드문드문 있는 것 같아요.

경쟁업체가 적은 것도 장사를 지속할 수 있는 이유일까요? 실제로 매상은 어떤가요?

다른 케이크 가게와는 손님층이 별로 겹치지 않을 거예요. 우선 점포가 없는 〈Another Belly Cakes〉는 그다지 알려져 있지 않으니까요. 아무래도 점포가 없다 보니 공방에 직접 사러 오는 근처 분들과 마켓에 오는 분들 그리고 SNS를 보고 오는 분들 외에는 잘 알려져 있지 않아요. 그것만으로는 저희 부부의 생계를 온전히 꾸리긴 어렵지만, 저 혼자 살 수 있는 정도로는 벌고 있어요.

파티셰 수련은 어디에서 하셨나요? 가게를 해야겠다고 결심한 이유는 뭔가요?

도쿄의 긴자, 니혼바시, 신주쿠에 있는 양과자점에서 총 12년 정도 일했어요. 프랑스 과자점, 접시 가득 계절 디저트를 내는 가게 그리고 초콜릿으로 유명한 벨기에 과자점이요. 그 후 이스미 시내에 있는 매크로바이오틱 카페에서 일하면서 케이크도 만들었어요. 그때 유기농 먹거리를 선호하는 사람들이 이 지역에 무척 많다는 걸 알게 되었지요. 그러면서 '이

젠 독립해도 되지 않을까'라고 생각
한 것이 케이크 가게를 시작하게 된
계기예요. 주위에 마켓 출점을 본업
으로 삼고 있는 사람들이 많은데 그
들을 보면서 나도 할 수 있겠다고 생
각한 것도 컸고요.

**유기농 먹거리에 관심을 갖는 사람들은 도시 쪽이 절대적으로 많을 텐데 시골에
서 시작한 이유는요?**

도쿄에 있었다면 저는 케이크 가게를 시작하지 않았을 거예요. 도쿄
는 고정지출이 많고 경쟁도 매우 심해요. 마켓 출점을 중심으로 하는 방식
으로는 장사하기 어려웠을 거예요. 게다가 도쿄와 이곳에서 인기 있는 케
이크는 조금 달라요.

어떤 점이 다른가요?

도쿄에서 인기 있는 케이크는 전반적으로 데커레이션이나 색 배합
이 날렵하고 세련되었어요. 저처럼 근처에서 철따라 재배한 재료를 사용
하면 그런 반짝반짝하고 화려한 케이크는 만들 수 없어요. 수입 냉동 과일
팩이나 퓌레를 사용하면 반짝반짝한 케이크를 만들 수 있을 테지만 이곳
은 자연스럽고 적당히 화려한 케이크를 선호해요. 저도 그런 케이크를 만
들고 싶고요.

마켓에서는 손님의 반응을 바로 알 수 있다

장사를 시작하기 위해 어떤 준비를 하셨나요?

처음부터 점포를 운영할 계획은 없었기 때문에 영업허가서를 취득하고 재료를 사 모으고 작업실을 정한 정도예요. 자동차 면허증도 준비한 지 3개월 만에 면허합숙소에서 땄어요. 출점용 텐트를 포함해서 필요한 것도 조금씩 마련했고요.

선전이나 광고는 어떤 식으로 하시나요?

출점이나 판매 스케줄은 페이스북으로 알려요. 제가 케이크 재료로 두부를 꽤 많이 사용하는데 근처 두부가게에서 사다가 써요. "두부가게에서 듣고 왔어요"라고 말하는 손님도 있어요. 지역의 이런 유대 관계가 정말 감사할 따름이죠.

이전에 도쿄에서 케이크를 만들 때와 지금을 비교하면 무엇이 가장 다른가요?

도쿄에서도 나름대로 즐거웠지만, 지금은 제가 만들고 싶은 케이크를 마켓에서 직접 판매하기 때문에 임하는 자세가 전혀 달라요. 다만 독립하고 나서 맨 처음 실감했던 것은 직원으로 일할 때가 진짜 편했다는 거예요. 여러 귀찮은 일은 회사가 처리해주는 대신 저는 제 자리에서 케이크만 잘 만들면 월급이 또박또박 들어오는 안도감을 이제는 느낄 수 없지요. 하지만 지금은 제가 백퍼센트 좋아하는 것을 하고 있으니까 그때보다 만족도가 높아요.

도쿄에서는 매장 뒤에서 케이크만 전문적으로 만들었기 때문에 손님과 이야기할 일이 거의 없었어요. 하지만 지금은 당연히 제가 만든 케이크에 대해서 직접 설명도 해요. 제 설명에 납득해서 구매가 이루어질 때는 정말 기분이 좋아요.

장사를 지속적으로 해나갈 수 있는 비법이 있다면 알려주세요.

아무래도 손님의 반응을 잘 살피는 것이 아닐까요. 마켓을 예로 들면 그 장소에서 바로 케이크를 드시는 분도 많아요. 그때 분위기를 확실히 살펴서 '타르트가 너무 딱딱했나 봐'라든가 '좀 더 달게 만들어야겠어' 등 반성할 수 있는 실마리를 얻어요. 다음에 개선할 수 있도록 주의하는 거죠. 이렇게 직접적으로 마케팅할 수 있는 것도 이런 스타일의 장점이에요. 그리고 쉽게 포기하지 말고 느긋한 마음으로 '잘될 때까지 해보자'는 마음가짐도 중요한 것 같아요.

인터뷰 온다 가쓰요시御田勝義, 〈green+〉

그녀는 내 아내다. 경자동차에 초보운전 마크를 달고 보소이스미 지역을 분주히 돌아다니기 시작해서 사업이 궤도에 오르기까지 일 년이 채 걸리지 않았다. 풍부한 자연환경을 찾아 도시에서 로컬로 이주한 사람들은 유기농 먹거리를 추구하는 경향이 강한데 〈Another Belly Cakes〉도 초반에는 그런 이주자 친구들 덕에 유지되었다. 유기농과 식물성이라는 특징을 더 강조하면 어떻겠냐고 제안했더니, "보통 사람들도 편하게 살 수 있는 케이크 가게가 좋아. 일부러 강조하고 싶지는 않아"라고 아내가 말했다. 그녀 나름대로 열심히 노력한 덕분인지 지금은 고객의 대부분이 내가 모르는 사람들이고, 나는 '케이크 집 남편'으로 불리게 되었다.

일반적으로 어떤 상품에만 있는 특징을 철저하게 추구하는 것이 마케팅의 기본이라고 말한다. 하지만 인구가 적은 시골에서 특정한 고객만을 염두에 두고 영업했다면 지금쯤 어떻게 되었을까. 시골에는 도시와는 또 다른 장사의 방법론이 분명 존재한다.

아직 만나지 않은 손님과
만나기 위한 시간

세키타 히로아키|関田裕明
〈TRIPTRACKS〉
마크라메 공예가

내용 팔찌, 펜던트, 피어스 제작 판매 | **창업** 2011년 | **주요활동(판로)** 마켓 출점, 제작 워크숍(참가비 2,500~3,000엔. 정원 5명 전후) | **상품단가** 2,000엔~1만 엔 | **1일 최고판매액** 약 5만 엔 | **초기 투자금** 약 5만 엔 | **경비** 재료(매듭과 천연석) 대금, 해외 경비(매년) | **부업** 없음

마켓 출점 빈도 월 8~10회 | **워크숍 빈도** 월 1회 정도

프로필 1981년 생. 이스미 시 출신. 시라코 정白子町 거주 | **가족** 혼자 | **한달 생활비** 약 10만 엔

마크라메^{macramé}란 매듭을 짓고 엮어 장식이나 모양을 만드는 기법이다. 남미 등지에서 전통적으로 이어지고 있고 천연석을 끼워 엮은 액세서리는 세계 각지에서 인기가 있다.

이스미 시에서 나고 자란 세키타 히로아키 씨는 남미를 여행하다가 우연히 마크라메를 접했고 만드는 방법을 습득했다. 귀국 후 자신이 만든 액세서리를 조금씩 마켓에서 판매했고, 기술과 감각을 연마해 현재는 마크라메 공예가로서 생계를 잇고 있다.

세키타 씨가 지금도 매년 한 달이라는 시간을 들여 해외여행을 하는 목적은 액세서리 재료를 모으는 것뿐만 아니라 영감과 이미지를 얻기 위해서다. 그가 일하는 방식은 곧 생활방식 그 자체다.

남미에서 기술을 습득

세키타 씨는 남미 여행 중에 마크라메를 접했지요?

네. 2011년에 페루, 볼리비아, 에콰도르를 순회했어요. 그때 직접 제작해서 판매하는 가게와 거리에 작품을 펼쳐놓고 파는 노점을 보았지요. 독특한 장식 기술이 들어간 액세서리가 무척 흥미로웠어요. 거기에서 공예가에게 말을 걸고 옆에 앉아 배웠지요. 그게 첫 마크라메 만들기였어요. 그전부터 뭔가를 만드는 일을 좋아했는데 테이블이나 의자, 침대 등 제 나름의 방식대로 집 안 가구는 만들어 썼지요.

마크라메는 남미에서 대중적인 액세서리인가요?

마크라메 그 자체는 세계 각지에 있는 수공예예요. 하지만 밀랍을 칠한 가는 줄을 사용한 액세서리는 페루 같은 남미 등지에서 일반적이지요. 기념품 가게에도 많이 진열되어 있는데 굳이 말하자면 여행객을 대상으로 한 공예품에 가까워요.

직접 만들어 팔려는 계획은 귀국 후에 세우셨나요?

여행하면서 마크라메를 배울 당시에 나중에 기회가 되면 팔아도 좋지 않을까 잠시 생각했었어요. 마크라메를 만들면서 여행하는 공예가들의 자유로운 모습을 보고, 제가 평생의 업으로 삼고 싶은 해외여행을 계속해 나가는 데에도 딱 맞는 일 같다고 느꼈지요. 그래서 마크라메 재료인 천연석과 매듭을 재료상에서 잔뜩 사서 귀국했어요. 작품을 만들어서 근처에 사는 지인의 갤러리에서 열리는 이벤트에 출품하기 시작했죠.

그게 시작이었군요. 그러면 본업으로 괜찮겠다고 느낀 건 그때부터 어느 정도 시일이 지났을 때인가요?

생업의 모습을 갖춘 건 2년째부터예요. 그때까지는 다른 일과 병행하면서 계속 만들었는데, 갤러리 이벤트에 출품하거나 지인이 하는 서핑 매장 구석을 빌려 판매하는 정도였어요. 그러던 중 장식하는 방식이나 디자인 배합을 더 늘리고 싶었고 다시 4개월에 걸쳐 남미를 여행했죠. 마크라메만으로 먹고살 수 있겠다고 생각한 건 여러 여행지에서 만난 공예가들에게 기술을 배우고 귀국했을 때예요. 때마침 이스미 시 지역 주변에서 열리는 마켓이 늘기 시작했고요. 손님들이 제 작품을 손에 쥐고 돌아가는 일이 많아진 거죠. 그게 큰 힘이 됐어요. 하지만 마크라메가 생소하니까 잠시 관심을 가진 건 아닐까, 과연 이 상태를 지속할 수 있을까 하는 생각도 들었어요.

그 후에도 꾸준히 매상이 올랐다고 들었습니다만.

크게 늘었다기보다는 안정되었다고 하는 편에 가깝지요. 마켓이 열리지 않을 때는 직접 이벤트나 워크숍을 기획하기도 하고요.

앞으로 고정점포를 열 계획이 있으신가요?

"매장이 있나요?"라는 질문을 많이 받아요. 하지만 지금은 염두에 두고 있지 않아요. 공방에서 제작하고 마켓이랑 기획전에 출품하는 지금의 형태가 제 생활방식에 맞거든요. 그리고 마켓을 돌며 출품하다 보면 다음 기획에 참여해 달라는 권유를 받기도 하는데, 그런 인연이 즐겁기도 하고요.

재료는 해외에서 들여오고 있나요?

국내에서 들여오는 것도 있지만 특히 천연석의 경우는 가능하면 현지에서 제가 직접 보고 괜찮다 싶은 재료를 고르고 싶어요. 그래서 일 년에 한 달 정도는 매입도 하고 배우기도 하려고 해외로 나가죠. 물론 그것도 점포가 없기 때문에 가능한 일이지요.

대량 생산을 할 수 없는 것이 강점

마크라메 공예가로 계속 살아가는 데 고생스러운 점은 없나요?

생활면에서는 별로 없어요. 생활비를 그다지 쓰지도 않고요. 다만 일상생활에서 업무 시간과 휴식 시간을 조절해야 하는 점이 좀 힘든 정도랄까요. 만족스러운 작품을 만들고 싶어서 휴식도 취하지 않고 제작에 몰두해버리거든요.

액세서리를 하나 만드는 데 어느 정도 시간이 걸리나요?

빠르면 삼십 분 정도. 하지만 펜던트는 오래 걸리기 때문에 열심히 해도 하루 동안 만들 수 있는 양이 몇 개 안 돼요.

제작을 온전히 혼자서 하니까 만들 수 있는 양이 한정되겠네요. 사람을 고용하는 것은 고려하지 않으세요?

음, 글쎄요. 그래도 나름 공예가로서 작품을 만들고 손님에게 직접 전해주고 싶기 때문에 그렇게 하기는 힘들죠.

세키타 씨는 사장이라기보다 장인에 가깝네요.

그렇다고 할 수 있죠. 그런 마음으로 제작하니까요. 하지만 장사라는 관점에서 보면 아무래도 제작 시간이라는 벽을 넘을 수는 없으니 앞으로도 수입은 크게 달라지지 않을 거예요. 그래도 저는 그게 좋아요. 오래 지속하기 위해서 너무 부담스럽지 않은 속도로 가고 싶거든요. 필요한 건 지

금 버는 걸로 대부분 충족하고 있어요. 앞으로도 상황을 보면서 작업량을 조절해 나갈 생각이에요.

아무래도 제가 일하는 방식이 소량의 작품을 정성껏 만들어서 직접 손님과 얼굴을 마주 보고 건네주는 작은 장사라서 가능한 것 같아요.

좀 더 자세히 말씀해주시겠어요?

활동을 하면 할수록 저를 아는 사람들이 많아졌어요. 처음에는 형식적인 대화만 나누다가 점점 얼굴을 익히면서 작품 제작의 뒷얘기에 공감하고 착용하는 분들도 늘었고요. 그리고 대량 생산이 아니라 하나하나 만들어 조금씩 판매하는 지금의 상태도 결과적으로 이 일을 계속할 수 있는 원동력이 되는 것 같아요.

마크라메만이 아니라 이런 수제품을 사는 손님들은 대개 물건을 소중히 다루는 분들이에요. 그런 분들은 작품의 퀄리티가 만족스러우면 주변 분들에게도 소개하지요. 아직 만나지 않은 손님과도 서서히 만나는 일이 되는 거죠. 그렇게 거듭되는 인연들이 제가 이 일을 지속할 수 있는 확실한 기반이 되어주는 것 같아요.

그렇군요. 이 지역에서 세키타 씨의 작은 장사가 잘 되는 이유가 뭐라고 생각하세요?

아마도 제 작품의 퀄리티가 일정 수준을 넘어선 시점과 마켓이 늘어난 시점이 맞아떨어졌기 때문이 아닐까요. 그리고 마켓 자체도 그렇지만 이것저것을 스스로 만들어내는 많은 동료들과 연결되어 있어서, 도시에 비해 여러 가지가 너그럽게 허용된다는 것도 이유일 수 있겠지요.

예를 들면 이벤트를 열려고 지인의 카페에 가서 제 아이디어를 말하면 기분 좋게 장소를 대여해주는 식이죠. 마을 규모가 작아서 서로 더 가깝다 보니 협력도 잘 해주시고. 그런 의미에서도 이곳은 살기 좋은 곳이에요. 경치도 훤하고 각자 나름대로 개성을 고집하는 사람들도 많이 살고요.

마켓이 늘어나면서 이전과 지역 분위기도 달라졌나요?

그렇지요. 마켓에 출점하는 가게를 통해서 수제품들이 조금씩 사람들의 생활 속에 녹아들고 있어요. 하나하나 시간을 들여 만든 물건을 오래도록 소중히 사용한다든가 식사를 천천히 음미한다든가 하는 것에 대한 의식이 강해진 사람들이 늘어난 것 같아요.

———

액세서리는 기본적으로 작고 가볍고 시간이 흘러도 크게 변하지 않는다. 작품을 만들 수만 있다면 인터넷 판매가 가능하기에 어디에 살아도 팔 수 있다. 또한 실제로 그런 방식으로 장사하는 사람도 많다.

하지만 세키타 씨는 반드시 직접 대면하는 거래를 중심에 두고 있다. "생산량이 적어서"이기도 하지만 무엇보다 "손님들이 작품 제작의 뒷얘기를 직접 들은 후 실물의 색이나 촉감을 확인하고 선택하기"를 원하기 때문이다. 지속 가능한 경영과 장인정신 둘 모두를 만족시키기 위한 결과가 손님에게도 자신에게도 장점이 되는 장사로 이어지고 있다.

세키타 씨는 "정성껏 작품을 만들고 조금씩 수요를 충족시켜 가겠다"고 말한다. 작업량과 매상 사이에서 절묘하게 균형을 잡겠다는 이 말에는 특별한 가치가 있다. 물론 그가 생활비를 적게 쓰는 독신자라는 배경도 있다. 하지만 액세서리는 퀄리티가 더 중시되는 분야이기에 "매상에 쫓기지 않고 질 좋은 작품을 만들겠다"는 생각이 그가 제작하는 작품을 더욱 매력적으로 만든다는 것에 주목하고 싶다.

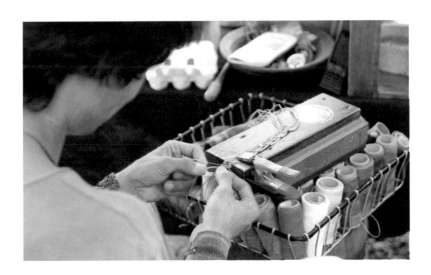

사람이 적은 시골에서
사람을 이어주는 노점

곤노 유헤이 | 紺野雄平

〈Spaice coffee〉

자전거 커피 노점

내용 커피, 카페오레, 커피 원두 판매 | **창업** 2015년 | **주요활동(판로)** 시나나 라멘 가게 앞에서 판매, 마켓 출점 | **상품단가** 300엔~450엔 | **1일 최고판매액** 약 4만 엔 | **초기 투자금** 약 10만 엔 | **경비** 커피 원두 매입 | **부업** 있음(아르바이트)

마켓 출점 빈도 월 2~4회

프로필 1992년 생, 후쿠시마 현 후쿠시마 시 출신, 가쓰우라 시 | 勝浦市 거주 | **가족** 혼자 | **한 달 생활비** 약 10만 엔

가쓰우라 시라는 작은 어촌 마을에서 이동식 자전거 커피 노점을 운영하는 이가 있다. 이 마을에 있는 대학을 막 졸업한 곤노 유헤이 씨다. 2016년에 스물세 살이 된 그는 '작은 장사'를 하는 보소이스미 사람 중에서도 가장 젊은 편에 속한다.

주로 가게를 여는 곳은 작은 길목에 있는 NPO(비영리조직) 사무소 처마 밑과 라멘 가게 앞이다. 이동이 쉬운 자전거 노점이지만 작은 마을에서 항상 같은 자리에 있기에 단골손님과 매우 가깝다. 이 친밀한 관계야말로 곤노 씨가 추구하는 것이기도 하다.

대학을 이제 막 졸업한 사람이 왜 작은 장사를 하는 걸까? 왜 이동식 자전거 가게일까? 이 일을 택한 동기에는 나고 자란 후쿠시마에서 겪은 동일본 대지진이 있었다.

살아남은 나는 꿈을 좇아야만 한다

자전거 노점을 시작하게 된 계기는 무엇인가요?

저는 고등학교를 졸업할 때까지 후쿠시마 시에서 살았어요. 그 후 고쿠사이부도国際武道 대학에 진학하기 위해 가쓰우라 시에 왔지요. 노점을 시작한 이유는 여러 가지지만 크게 꼽자면 세 가지예요. 후쿠시마에서 겪

은 동일본 대지진과 미국 홈스테이 경험 그리고 햄버거를 판매하는 푸드
트럭과의 만남.

**하나씩 이야기를 들려주시겠어요? 후쿠시마에서 지진을 겪었을 때 고등학생이
었나요?**

고등학교를 졸업하고 대학에 들어가기 직전인 3월이었어요. 그 지진
은 저에게도 역시 정말 큰 사건이었죠. 지진이 온 다음 날부터 제가 다니던
고등학교 체육관도 피난소가 되었고요. 다행히 저는 가족도 친척도 집도
아무런 피해를 입지 않았기에 바로 자원봉사를 시작했어요. 하지만 어제
그제 가족과 친구들을 잃고 집도 완전히 사라진 사람들을 눈앞에 두고서
할 수 있는 일이 아무것도 없었어요. 거기에서 가장 크게 느낀 건 무력감
이었죠.

나 역시 그들과 똑같이 피해를 입었을지도 모른다는 느낌인가요?

네. 저랑 나이가 비슷한 또래들 그리고 더 어린 사람들이 꿈을 잃었
고 더 이상 꿈꾸는 것조차 불가능해졌죠. 목숨을 잃었으니까요. 그 이후
'그날 세상을 떠난 이들을 위해서 지금 살아남은 내가 할 수 있는 일이란
포기하지 않고 꿈을 좇는 일이 아닐까?'라고 생각하게 되었어요.

**잘 알 것 같습니다. 자전거 노점을 시작한 두 번째 이유는 미국에서 지낼 때의 체
험이지요?**

대학에서 스포츠 트레이너를 공부했는데 그와는 별개로 대학을 다니던 도중에 애리조나 주에 있는 단기대학에 다니면서 제가 모르는 세상을 경험했어요.

국적도 나이도 다른 다양한 사람들과 홈스테이에서 함께 지내면서 '사람'이라는 문화가 이토록 다채롭다는 사실에 무척 놀랐어요. 예를 들면 자신의 흥미에 따라 전문분야와 대학을 잇달아 옮겨 다니는 대학생이나 50대에 대학을 다니는 어머니가 있었어요. 이런 자유로움도 거기에서는 당연한 것이더라고요. 나이나 남의 이목을 상관하지 않고 자신이 하고 싶은 일과 꿈을 향해 정직하게 부딪히며 앞으로 나아가는 자세가 진정으로 대단하게 느껴졌어요.

진로를 고민하는 대학 시절에 시야가 넓어진 경험을 한 거군요.

그래서 저도 그 당시 '한 우물만 파기'로 제 미래를 결정해버리는 게 매우 아까웠어요. 해외나 동북 지역에서 자원봉사를 하는 식으로 그때까지 경험하지 못했던 것들을 적극적으로 하게 되었지요. 그즈음 만난 것이 햄버거 푸드트럭이었어요. 가쓰우라 시내에서 장사하고 있긴 했지만, 손님들은 서로 전혀 모르는 사람들이었는데 다 먹고 돌아갈 즈음에는 친구가 되어 있었지요. 그런 신기한 분위기가 흐르는 장소에서 저도 많은 사람들과 친해졌어요. 그건 정말 인상적인 체험이었지요.

예를 들면 오키나와에서 게스트 하우스를 하는 사람과 알게 되어 제가 오키나와에 갈 때 그 사람이 운영하는 곳에 머물거나 하는 식이죠. 그

자리에서 끝나는 게 아니라 관계가 이어져 다양한 뭔가가 일어나는 것이 무척 흥미로웠어요.

〈Spaice coffee〉가 갖고 있는 목표 중 하나가 그 햄버거 푸드트럭처럼 사람과 사람의 관계를 통해 자극받을 수 있는 공간을 만드는 거예요. 그 래서 가게 이름도 'Spice'가 아니라 그 사이에 a를 넣어서 'Spaice'라고 지 었어요. 스페이스와 스파이스, 즉 공간과 자극이라는 두 가지 의미를 포 함하고 있지요.

돈이 없으면 없는 대로 하면 되잖아

대학 졸업 후 취업도 고려했었나요?

'이걸 하고 싶어!'라는 것도 딱히 없는 채로 일단 취업활동을 하고 합 격도 했어요. 하지만 재해 이후 내내 품고 있던 '내가 할 수 있는 건 계속 꿈을 좇는 것이 아닐까……'라는 생각이 커졌고 결국 취업은 단념했어요. 부모님께는 한동안 잔소리를 들어야 했지만요.

그런데 왜 그 지점에서 자전거 커피 노점을 선택한 거죠?

처음에는 '그 햄버거 푸드트럭처럼 사람과 사람을 이어주는 카페를 열고 싶다'는 생각이었어요. 이 마을에 카페가 거의 없기도 했고요. 하지 만 당연히 카페를 여는 데 필요한 자금이 전혀 없었어요.

그래서 카페라면 우선은 커피니까 '가게를 빌릴 수 없으면 자전거로 하면 되지!'라고 생각했죠. 그리고 지금의 자전거 커피 노점을 오픈하게 된 거고요.

기본적으로 어떻게 운영하시나요?

보통 평일은 마을에 있는 NPO 사무소 앞을 빌려 아침 9시부터 저녁 5~6시까지 가게를 열어요. 주말에는 한 달의 절반은 라멘 가게 앞에서, 나머지는 4백 년 이상 이어져 오고 있는 주말 아침시장이 NPO 사무소 길목에서 열리니까 평일이랑 똑같이 NPO 사무소 앞에서 장사해요. 그리고 가끔 이벤트에 나가는 정도. 휴일은 주 1회이고, 비 오는 날은 쉬어요.

상당히 지역 밀착형이네요. 다른 장소에 출점하기 위해서 이동하기도 하나요?

가장 멀리 간 건 40킬로미터 정도 떨어진 곳에서 열린 이벤트예요. 가는 길만 여섯 시간쯤 걸려서 다녀왔지요. 꽤 거친 길이어서 걷는 거랑 거의 비슷한 속도밖에 내지 못했어요. 하지만 가고 오는 길에 사람들을 만나서 제법 좋은 선전이 되었지요.

지금 하는 일은 〈Spaice coffee〉뿐인가요?

네, 일 년 이상 계속 이 일만 해왔어요. 실은 한

번 크게 곤란했을 때 부모님, 여자친구 그리고 가쓰우라의 지인들에게 도움을 받은 적이 있어요. 그 덕분에 재기할 수 있어서 모두에게 정말 감사해요. 요즘에는 여자친구랑 데이트할 때 필요한 돈을 벌고 싶어서 아르바이트도 조금 시작했어요. 아파트 월세가 2만 5천 엔이고 생활비가 적게 들어서 〈Spaice coffee〉로는 저 혼자 그럭저럭 생활할 정도로 벌고 있어요.

여러 일들이 있었군요. 하지만 한 잔에 3백 엔짜리 커피로 매달 3만 엔 이상은 반드시 벌어야 한다는 이야기네요. 가쓰우라는 보소 지역에서도 상당히 작은 마을인데 처음부터 〈Spaice coffee〉만으로 생활할 수 있을 거라고 생각하셨나요?

'어떻게든 되겠지'라고 생각했어요. 한 잔에 3백 엔이란 가격은 이 지역의 싼 물가와 학생들도 부담 없이 살 수 있는 가격을 고려해서 책정한 거예요. 그래도 역시 인적이 드문 마을이니까, 처음 시작할 때는 많은 사람들이 "그만두는 게 좋아"라면서 말렸어요. 하지만 제가 원하는 것은 팔릴까 안 팔릴까보다 사람들을 이어주는 공간을 만드는 것이었죠. 사람이 적기 때문에 오히려 사람들이 모일 수 있는 곳이 되길 바란 거예요. 이미 사람들이 많은 장소에서 하는 건 재미가 없잖아요.

실제로 해보니 경제적으로 제 기대치가 높았다는 건 인정해요. 그래도 계속 하다 보면 못할 것도 없다고 생각해요.

최초의 동기에서 보면 '이 지역에 카페가 없으니까 만들자'는 것이었네요. 하지

만 아무리 평일 오전이라도 여기 NPO 사무소 앞을 지나가는 사람이 한 시간 동
안 몇 명 없던데요…….

이 길은 가끔 고쿠사이부도 대학에 다니는 학생들도 지나다니지만
평일엔 항상 이 정도예요. 토, 일요일은 아침시장이 서니까 사람들이 더 늘
지만 오후에는 다시 조용해지고요.

하지만 사람이 전혀 없던 곳에 조금씩이라도 모여드는 쪽이 저는 더
좋아요. 제가 사람들이 많은 곳에서 출점하는 게 아니라 오히려 도쿄나
다른 지역에서 '나도 시골에서 뭔가 좀 해볼까'라며 이쪽으로 오는 사람들
이 늘어나면 더 즐겁고 기뻐요.

앞으로 전망은요?

가능하다면 커피 노점만이 아니라 스포츠를 좋아하는 사람들을 대상으로 여행을 기획하고 싶어요. 그리고 여러 가지를 한데 묶어 사람을 이어줄 수 있는 장을 만드는 회사도 친구들과 함께 해보고 싶고요.

곤노 씨의 이야기는 놀라움의 연속이었다. 가쓰우라라는 마을은 대학이 있다고는 하지만 보소이스미 지역에서도 특히 인구가 감소하고 있는 곳 중 하나다. 그런 마을에서 더군다나 인적도 거의 없는 길목에서 조용히 자전거를 멈추고 커피를 판매하는 것으로 주된 생활을 꾸려가고 있다니.

약 한 시간 반 동안 취재하면서 다섯 명 정도가 노점 앞을 지나갔는데 대부분이 곤노 씨에게 말을 걸었고 그중 두 명이 커피를 사 갔다. 약 일년 반을 거의 매일 같은 장소에서 판매하는 곤노 씨의 〈Spaice coffee〉는 확실히 마을에 잘 알려져 있고 사랑받고 있다. 머지않아 그의 가게를 찾는 얼마 안 되는 단골손님 사이에 '관계'가 생겨날지도 모르겠다.

"곤노 씨 같은 작은 장사는 젊으니까 가능하다"고 말하기는 쉽다. 하지만 경제적인 안정을 찾아서 도시로 나가는 세상 물정에 밝은 어른들만 있다면 인구 감소 지역은 인구가 줄어들기만 할 것이다. 곤노 씨는 "도쿄에는 흥미가 없다"고 말한다. 재해 이후 자신의 미래를 펼치려고 인구 감소 지역을 찾는 젊은이들도 늘었다. 작은 장사로 시작된 곤노 씨의 멈추지 않는 꿈을 따라가보고 싶다.

보소 반도에 오직 하나뿐인
수제구두 장인

오다카 요시카즈小高善和
〈오다카 요시카즈 구두공방〉
구두를 만드는 손

내용 구두 만들기 교실 주최, 구두 주문제작 판매, 이벤트 등에서의 워크숍 | **창업** 2010년 | **주요활동(판로)** 만들기 교실, 판매, 수리 ※인터넷 판매 안 함 | **상품단가** 약 7만 엔~10만 엔(주문제작 구두) | **초기 투자금** 약 500만 엔(공방 건설비, 재료비 등) | **경비** 가죽 매입 | **부업** 없음

구두 만들기 교실 입회비 1만 800엔 | **한 달 수업료** 1만 800엔 | **재료비(한 컬레당)** 1만 엔~2만 엔 ※2016년 당시

프로필 1977년 생. 지바 현 지바 시 출신. 시라코 정 거주 | **가족** 부모, 아내와 아이 둘 | **한 달 생활비** 약 20만 엔

55

오다카 씨가 서른세 살에 부모님 댁 부지에 설립한 〈오다카 요시카즈 구두공방〉은 평소에는 구두 만들기를 가르치는 교실이다. 그리고 때로는 '구두를 만드는 손, 오다카 요시카즈'가 손님 한 사람 한 사람의 발에 맞춰 주문 받은 구두를 제작하는 공방이 된다. 물론 자신의 손길이 닿은 구두를 직접 수리도 한다.

구두 만들기에 매료된 학생들이 보소 반도 전역에서 이 공방을 찾아오고 있다. 보소이스미 지역에는 오다카 씨처럼 만드는 기쁨을 알려주는 교실이나 워크숍을 주최하는 사람이 적지 않다. 이들은 모두 자신이 만든 것에 직접 가격을 붙이고 자신의 손이 닿는 지역 내에서 직접 거래한다. 당연히 일에 대한 평가나 수입도 딱 그만큼이어서 좋든 싫든 모두 자신에게 돌아온다.

오다카 씨는 이제까지 다양한 일을 경험하며 이리저리 에돌다가 마침내 보람과 충실감을 얻을 수 있는 지금의 일하기 방식에 도달했다.

물건을 팔면서 깨닫게 된 것

시라코 정에서 가족과 함께 살고 계신가요?

네, 어머니 쪽 고향이에요. 5학년 때까지 지바 시에서 살았고 그 후 고등학교 졸업 때까지 여기에서 살았어요. 도쿄로 진학한 후 스물한 살에 다시 여기로 돌아왔지요.

구두 만들기와 조우한 것은 언제인가요?

알게 된 것은 스무 살 때예요. 당시 'alfredo BANNISTER'라는 구두 브랜드를 좋아해서 자주 신었어요. 어느 날 성인식 때 신을 구두를 사러 매장에 갔는데 점원이 저를 기억하고는 "구두를 좋아하시는군요"라고 말을 걸며 『슈필シューフィル』이라는 구두 전문잡지를 주셨어요.

거기에 '모게モゲ 워크숍'이라는 구두 만들기 교실에 대한 기사가 실려 있었는데 "구두를 만들 수도 있구나!" 싶어서 놀랐어요. 원래 옷도 무척 좋아했지만 구두는 가죽이라는 소재의 특이성과 공정의 다양함, 평면에서 입체물을 만드는 점, 걸음을 통해서 사람의 건강에도 관여한다는 점 등 알면 알수록 심장이 두근두근 뛰었어요.

그래서 구두공방에 다니게 되었나요?

아니요. "구두 만드는 일을 하고 싶다"라고 친구들에게 말하면서도 섣불리 도전하지 못하고 있었어요. 앞으로 뭘 하면 좋을지 여전히 망설였지요.

결국 백화점에 있는 꽤 고급스러운 양복점에서 판매원으로 일했어요. 조금 작은 지점으로 옮기자마자 무척 열심히 일했던 당시가 기억나네요. 월간 매상을 전년 대비 두 배 전후까지 매월 꾸준히 올릴 수 있었어요. 노력이 결과로 이어져서 큰 성취감을 얻었지만 그 평가가 대부분 점장에게 가더군요. 그때부터 제가 일한 그대로 인정받을 수 있는 일을 하고 싶다고 강하게 느꼈어요.

　그럴 즈음 버블 붕괴 여파로 여러 백화점들이 합병을 했어요. 당시에는 큰 업체일수록 사회가 일으키는 파도에 강하게 맞설 거라고 생각했는데 실상은 단독으로 버틸 수 없는 위험도 존재한다는 것을 알게 되었지요.

버블 시대가 부풀린 사이즈로는 더 이상 해나갈 수 없게 된 거군요.

　지속 가능하면서 안정적인 것이란 한순간의 꿈과 같은 버블이 아니라 생활에 뿌리내리고 있는 게 아닐까 하고 백화점에서 일할 때 자주 느꼈어요. 그래서 백화점을 그만두고 홈센터*에서 일하기 시작했지요.

보다 더 생활에 뿌리내리고 있다는 이유로요?

　네. 하지만 이번에는 아시아의 값싼 노동력으로 만들어져 쉽게 쓰고 버리는 저가형 상품들이 대량 생산, 대량 소비되고 있는 현실을 피부로 느꼈어요. 왜 좋은 물건을 오래 사용하는 것이 이토록 어려운 일인지 생각하는 계기가 되었죠.

다양한 직업을 경험하면서 자신의 가치관이 형성된 거네요.

　아주 큰 영향을 받았죠. 그래서 그즈음 드디어 '모게 워크숍'의 구두

● 일본식 영어 표현으로 주로 일용잡화나 주택설비에 관련된 상품을 파는 DIY 스토어 등을 가리킨다.

만들기 코스에 다니기 시작했어요. 스무 살에 알게 돼서 5년이나 흐른 후였지만요. 그러나 다행이라고 생각하는 것은 스무 살에 갑자기 구두 만들기를 시작했다면 지금 공방에 오는 학생들의 이야기가 제 귀에 잘 들어오지 않았을 거예요. 구두 만드는 수련을 빨리 시작하는 게 좋았을지도 모르지만, 백화점에서 10만 엔짜리 양복을 팔고 홈센터에서 68엔짜리 묘목을 팔면서 다양한 세계를 보지 않았다면 더욱 편협한 인간이 되었을지도 모르죠.

5년이 흘러 시작한 구두 만들기는 어땠나요?

시라코 정에 있는 집에서 도쿄 하라주쿠까지 매주 한 번, 편도로 두 시간 걸려 구두를 만들러 다녔지요. 실제로 해보니 구두 만들기는 상상 이상으로 재미있었어요. 그 후 수년간 다니면서 본업은 유지한 채 부업으로 구두 만드는 일을 하면 좋겠다고 생각했지요.

구두 만들기를 부업이 아니라 본업으로 생각하게 된 계기는, '모게 워커스'라는 코스의 마지막 날에 주최자가 던진 말 한마디였어요. "구두 만들기를 통해 살아가는 힘을 전해드렸다고 생각합니다"라는 인사를 듣고 실은 구두 만들기에 전념하고 싶으면서 그 한 발을 내밀지 못하던 저란 스위치에 불이 켜졌죠. '역시 이걸 해야만 해. 교실에서 강사들이 내게 전해준 두근거림을 다음번엔 내가 각오를 다지고 다른 이들에게 돌려주고 싶어'라고 자주 생각했어요.

손님의 발만 있다면, 가능하다

그래서 공방을 만들기로 하신 건가요?

네. 하지만 어디에서 본격적으로 시작해야 좋을지 고민했어요. 당시에 바로 가서 일할 수 있는 가까운 범위에 작업장을 만들어야겠다고 생각하고, 부모님 댁 구석에 있는 창고를 깨끗하게 정리했지요. 그리고 미싱과 선반만 놓은 상태로 시작했어요.

도시가 아니라 시라코 정이라는 시골에서 시작한 이유는 무엇인가요? 부모님 댁이라 시작하기 쉬웠다고는 해도 이 근방에 구두 만들기를 배우러 올 사람이 과연 있을지 불안하지는 않으셨어요?

솔직히 굉장히 불안했어요. 그래서 공방을 열기 전에 근처 목공교실을 둘러보러 갔어요. 평일이었는데 학생 서너 명이 와 있더군요. 시골이라도 만들기를 배우려는 사람들이 분명히 있다는 걸 알게 되었죠. 매일 학생들이 서너 명이라도 와준다면 월수입이 매달 20만 엔 정도는 되겠지 싶더라고요. 이걸 실제로 보지 못했다면 여기에 공방을 열려는 시도는 하지 않았을 거예요.

"도쿄에서 하는 편이 낫지"라는 말은 듣지 않았나요?

"도쿄에서 성공한 후에 여기로 오면 되잖아"라는 말은 시작하기 전부터 많이 들었어요. '도쿄에서 어느 정도 실적을 쌓고 이름을 날리지 않으면 시골에서 성공하기 어렵다'라고 생각하는 거죠. 하지만 저는 요란스럽게 시작하지 않아도 이 장소에서 실력을 쌓으면 될 거라고 생각했어요. 특히 저는 개개인의 발에 맞춰 구두를 주문제작하니까 손님의 발만 있다면 어디에서라도 같은 일을 할 수 있잖아요.

"갤러리에 출품해서 전국으로 진출하는 건 고려하지 않나요?"라든가 "인터넷 판매는 안 하나요?"라는 말을 들을 때도 있지만, 그걸 하지 않는 이유도 그렇게 하면 손님과의 관계가 멀어지기 때문이에요. 얼굴을 마주 대하는 일대일 관계를 소중하게 여기고 싶어요.

구두 만들기 교실도 그렇고 발을 재는 것부터 시작하는 주문제작 구두도 그렇고 양쪽 모두 얼굴을 마주 대하는 관계성이 반드시 필요하지요. 그런데 공방을 만든 초기에는 어떤 것부터 시작하셨나요?

우선은 당장 할 수 있는 동전 케이스나 가방 등 피혁 제품을 만드는 교실부터 시작했어요. 부모님 댁에서 사니까 먹고사는 데에는 지장이 없었지만 그즈음에 이삿짐센터에서 아르바이트도 했지요. 재료와 기계를 사는 데 돈이 필요했고 제대로 된 피혁공방도 만들고 싶었거든요.

아르바이트를 하지 않아도 된 건 3년쯤 지났을 때예요. 만약 도쿄에서 월세를 내면서 했다면 이렇게 하는 건 무리였을 거예요. 주말만 교실을 열고 평일은 일하러 나가야만 했겠지요. 하지만 이곳은 들어오는 돈이 적어도 나가는 돈도 적으니까 할 수 있어요.

현재 학생은 몇 명이고 수업료는 얼마인가요?

매주나 격주로 한 번 다니는 학생들이 열 명 정도예요. 교실 요금체계는 매월 만 엔에 재료비는 별도로 받아요. 한 켤레 완성하는 데 3, 4개월 걸리니까 학생들이 내는 비용은 총 4만 엔이고 재료비가 2만 엔이니까 한 켤레에 6만 엔 정도인 셈이죠.

어떤 스케줄로 일하시나요?

매주 서너 번 교실을 열고 그사이에 주문 받은 구두와 판매용 구두를 만들어요. 메인은 아무래도 구두 만들기 교실이죠. 근처 갤러리에도 판매

용 구두를 진열해놓고 있지만 어디까지나 하나의 계기를 만들고자 하는 거죠. 물론 갤러리에서 구두를 사주는 것도 기쁘지만 스무 살 때의 저처럼 '구두를 만들 수도 있구나!'라고 감동해서 교실에 와주는 쪽이 더 기뻐요.

　게다가 구두 수리를 의뢰 받아 예전에 만든 구두를 다시 만지게 되면 잘 신고 다니는지 알 수 있어서 기분이 좋아요. "완성됐습니다. 잘 신으세요"로 끝나는 게 아니라 관계가 길게 지속되는 것이 제가 바라는 바지요.

　　───────

　오다카 씨가 운영하는 구두 만들기 교실에는 차로 편도 약 한 시간 반 걸리는 범위 내에 있는 보소 반도 거의 전역에서 학생들이 오고 있다. 도시와 비교하면 고객 수는 압도적으로 적다. 그만큼 경쟁도 적다. 보소 반도에 이런 교실이 달리 없기에 교실을 유지할 수 있을 정도의 학생들이 이곳으로 모인다. 또한 학생 수가 적다는 건 만들기를 배우는 쪽에서도 매우 훌륭한 환경이라고 할 수 있다.

　경영 노하우를 묻자 오다카 씨는 "개인이 직접 만든 상품이나 카페에 돈을 쓰도록 하는 것"이라고 대답했다. 소비란 '투표행위'라는 것. 작은 곳에 돈을 사용하면 관계가 이어지는 것을 포함해서 여러 형태로 되돌아온다는 말이다. 물론 그것은 대량 생산된 공업품을 만드는 기업이 아니라 마음을 담아 장사하는 개인을 응원하는 의미이기도 하다.

　관계성을 키우는 것에 중점을 두는 오다카 씨의 구두공방은 풍요로운 작은 장사가 무엇인지를 잘 보여준다.

두 곳에 거점을 두는
작은 장사 스타일

나카니시 케이 中西圭

〈비장탄● 야키토리 아사가오 麻顔〉

닭꼬치 가게

내용 닭꼬치 제조 판매 | **창업** 2014년 | **주요활동(판로)** 여름: 마켓, 아침시장, 바 앞에 출점. 겨울: 점포 운영 | **상품단가** 120엔~150엔 | **1일 최고판매액** 약 6.5만 엔 | **초기 투자금** 약 10만 엔(묘코에 있는 점포 포함) | **경비** 국산 닭고기 매입 | **부업** 목재 벌채나 집 수선 등(여름)

프로필 1978년 생, 교토 부 출신, 이스미 시 거주 | **가족** 아내와 아이 한 명

프로 스노보더인 나카니시 케이 씨는 스노보드와 서핑이라는 인생에서 양보할 수 없는 두 가지를 지속하기 위해 일 전환이 용이한 작은 장사 방식을 선택했다.

케이 씨가 스노보드의 매력에 마음을 뺏긴 것은 열다섯 살 때. 스무 살 때부터 동절기에는 니가타 현 묘코 고원妙高高原에 있는 민박집에서 일하면서 밤낮으로 스노보드를 타고 그 외의 계절에는 도쿄에 있는 닭꼬치 가게에서 일하는 생활을 시작했다. 실력을 인정받으면서 스노보드 숍이

● 고온에서 구워 화력이 세고 지속력이 좋은 고급 목탄.

나 제작 회사의 후원을 받아서 묘코뿐만 아니라 미국 시애틀에 있는 산에도 매년 가게 되었다.

"그쪽 스노보더들은 스노보드를 타는 것과 일을 포함한 일상생활이 구분되지 않고 융합되어 있어요. 갈 때마다 그들의 생활방식을 동경하게 되었죠. 저는 서른 살이 막 넘었을 때부터 '도시의 도쿄'와 '산속의 묘코'의 생활 사이에 격차가 벌어지고 있다는 것을 느꼈어요. 두 곳에 거점을 두는 제 생활을 무리 없이 해나가기 위해 뭔가 이상적인 상황으로 바꿔야겠다 싶어서 방법을 찾기 시작했지요. 그래서 2012년 서른두 살 때 생활거점으로 둔 곳이 이스미 시예요. 도쿄와 비교해서 월세가 무척 싸고, 여기라면 일 년 내내 '양다리'를 걸치는 생활이 가능하지요. 일본 서핑의 메카니까요."

폐자재로 만든 노점으로 시작

이스미 시에서는 아르바이트를 하며 생활하는 한편 묘코에서는 아내인 사유리 씨와 함께 가구가 딸린 건물을 닭꼬치 가게로 개축했다. 가게에는 일 년 내내 녹지 않는 설원을 찾아 해외에서 오는 손님도 많이 방문하게 되었다. 그러자 다음에는 이스미 시에서도 닭꼬치 가게를 해보면 어떻겠느냐고 지인에게 권유받았다.

"모아둔 폐자재로 노점을 만들고 이벤트에도 출점하니까 꽤 반응이 좋았어요. 그래서 다른 마켓이나 아침시장에도 나가고 농가가 기획한 수확축제와 영업 중인 바bar 앞에도 출점하게 되었지요."

묘코에 있는 가게는 스키를 타러 온 손님을 고객으로 예상할 수 있었지만 이스미 시에서 시작할 때는 완전 초보였다. 손님이 전혀 없는 맨땅에서 시작했지만 "국산 닭고기를 사용한 질 좋은 닭꼬치에는 자신이 있었"다. 실제로 해보니 매상도 걱정할 정도로 나쁘지는 않았다.

지금도 12월에서 4월 말까지는 묘코에서, 5월에서 11월은 이스미 시, 그리고 매년 봄은 한 달 정도 시애틀이나 캐나다를 방문하는 생활을 지속하고 있다. 다만 두 살짜리 아이도 있기에 앞으로 어떻게 해나갈지 궁리 중이다.

"아내와 아이가 원하는 것도 들어주고 싶어요. 이스미 시에는 서퍼와 유기농을 추구하는 사람들이 있어서 그들과 유대 관계가 생겼어요. 양쪽 모두 저를 찾아주시는데 지금은 그게 즐거워요."

호반에 마련한
오두막집이
아틀리에로

히가시야마 사치코東山早智子
〈Flower & Herb Broom 고보香房〉
허브 작가

내용 계절 화환과 꽃, 허브 & 아로마 공예, 허브티 제작 판매, 워크숍 | **창업** 1998년 | **주요활동(판로)** 아틀리에의 숍 오두막, 이벤트, 마켓 | **상품단가** 400엔~1만 엔 | **1일 최고판매액** 약 5만 엔 | **초기 투자금** 약 50만 엔(정원에 직접 지은 오두막과 발코니) | **경비** 허브와 모아심기용 식물, 장식 재료비 등 | **부업** 없음

프로필 야마구치 현 슈난 시周南市 출신, 이스미 시 거주 | **가족** 남편 | **한 달 생활비** 약 17만 엔

이스미 시에는 숲에 둘러싸인 작은 호숫가에 귀여운 오두막집이 나란히 들어선 정원이 있다. 아로마와 허브 코디네이터인 히가시야마 사치코 씨의 아틀리에다. 남편인 다카오 씨와 둘이서 아무것도 없는 초원을 개간하고 전부 직접 지어서 완성했다.

다카오 씨가 폐자재를 모아서 오두막집을 짓는 동안 사치코 씨는 백오십 종류나 되는 허브를 심었다. 마침내 아틀리에를 오픈한 건 2015년 초여름. 이스미 시에 온 지 2년이 지났을 때다. 사실 사치코 씨가 아틀리에를 연 것은 이때가 처음은 아니다.

"결혼하고 나서 가나가와 현에 있는 꽃집에서 일하면서 허브를 공부

했어요. 퇴직을 계기로 지역 시설을 빌려서 꽃과 허브 교실을 연 것이 시작

이지요. 그 후부터 이스미 시에 올 때까지 9년간 단자와^{丹沢} 산자락 기슭에

있는 아이카와 정愛川町에서 고민가古民家를 빌려 살며 교실과 갤러리 매장

을 열었어요."

　"점점 좋아져서 지속한 것뿐"이라고 말하는 사치코 씨가 아틀리에

간판을 세우고 가게를 시작한 건 1998년. 가나가와 현의 고민가에서 살던

시절부터 미디어에 소개되면서 지명도와 인기가 높아진 아틀리에의 새

무대를 이스미 시로 결정한 이유는 "더욱 넓은 토지에서 느긋하게 식물을

기르고 싶어서"였다고 한다.

작은 장터도 여는 개성 있는 정원

현재의 활동 방식을 살펴보면 정원과 아틀리에 매장에서의 판매와 워크숍을 메인으로 하고 있다. 그리고 음식과 음료, 액세서리를 파는 동료들을 모아 아름다운 경관 속에서 작은 장터를 개최하기도 한다. 물론 사치코 씨 자신이 마켓에 출점하는 경우도 적지 않다.

유기농법으로 공들여 기른 꽃과 허브, 풍부한 자연이 어우러진 마을 숲에서 채집한 소재로 만든 계절 화환이나 꽃다발, 초록 이끼 화분이나 아로마 공예, 허브티⋯⋯. 사치코 씨가 섬세하게 만든 다양한 작품에 여성들은 결국 걸음을 멈추고 들어오게 된다.

"누구 하나 아는 사람도 없던 지역이었지만 지금은 많은 동료 그리고 손님과 관계를 맺게 되었어요. 제가 경영하는 가게니까 느긋하게 제 속도에 맞춰 생각하는 대로 일할 수 있어요. 제가 만든 것을 손님에게 직접 건네는 것도 매우 기쁘고요. 노하우요? 다른 사람과 비교하지 않고 저만의 개성을 갖는 것, 그리고 손님을 소중히 여기고 무엇보다 즐겁게 임하는 것이 아닐까요."

쌀에 대한 감사를
티셔츠에 담아

오바타 아사오 小畑麻夫

〈가메키치亀吉〉

티셔츠 가게

내용 독자적으로 개발한 티셔츠 제작 판매 | **창업** 2004년 | **주요활동(판로)** 전시 즉석 판매회, 마켓, 인터넷 판매 | **상품단가** 2,100엔~3,700엔 | **1일 최고판매액** 약 15만 엔 | **초기 투자금** 약 7.5만 엔 | **경비** 약 40만 엔(연간) | **겸업** 농산물 직판장 운영

프로필 1965년 생, 오사카 부 출신, 오타키 정 거주 | **가족** 아내와 아이 한 명

서른여덟 살이 될 때까지 약 14년간 도쿄에 있는 패션 회사에서 근무한 오바타 씨가 구 이스미 정(현 이스미 시)에 온 이유는 먹거리를 자급자족하고 싶은 생각에서였다.

"호기심에서 쌀 재배를 시작한 후 쌀 농가 그리고 논을 만든 선조들에 대한 감사의 마음이 싹텄어요. 그걸 무언가로 표현하고 싶었을 때 떠오른 이미지가 '米T'였죠."

패션 회사에서 근무했지만 본격적으로 디자인을 한 경험은 없다. 그래도 만들기 시작한 이유는 논일을 도와주러 온 친구들과 신세 진 사람들에게 선물로 주면 좋겠다는 생각에서였다. 결과물이 훌륭할 필요는 없었으므로 가벼운 마음으로 시작했다.

당연히 판매할 계획도 없었는데 시마네 현에 살며 카레 가게를 하는 지인이 "우리 가게에서도 팔아보고 싶다"고 제안해 가게에 놓자마자 외국인을 중심으로 상당한 인기를 끌며 팔렸다. 일본다운 디자인이 흥미를 끈 것이다. 이걸 계기로 근처 농산물 직판장이나 서핑 매장에도 두게 되었다. 여기까지가 티셔츠를 만들기 시작한 후 불과 일 년 동안 있었던 일이다.

'식食'과 관련한 매장에만 한정

그로부터 십 년 이상 흐른 지금은 전국에 있는 논밭에서 오바타 씨가 만든 티셔츠를 입고 있는 사람들을 볼 수 있다. 취급하는 점포가 늘었지만 티셔츠를 파는 가게는 특별한 기준을 근거로 선정한다고 한다.

"지금까지 여러 전자상거래 회사나 셀렉트 매장에서 자기 회사에서 판매하지 않겠느냐며 연락이 왔지만 거절했어요. 제가 티셔츠를 위탁하고 싶은 곳은 식食과 가까운 일을 하는 사람뿐이에요. 직판장이나 쌀집, 음식점 같은 곳이요. 처음부터 농가와 선조에 대한 경의와 감사를 담아 만든 것이니까 그 감정을 공유할 수 있는 사람

들이 판매했으면 좋겠어요. 팔 생각 없이 시작했으니까 그 초심을 무엇보다 중시하고 있지요."

논에서 쌀을 재배하면서 티셔츠를 만들기 때문에 '반농반X'로 묶여 책에서 다뤄진 적도 있다(시오미 나오키塩見直紀, 『반농반X 씨를 뿌리다』*).

"티셔츠는 저에게 소통할 수 있는 통로가 되었어요. 저에 대해서는 몰라도 이 티셔츠는 알고 있다는 사람을 만나면 그걸 시작으로 이야기를 두루두루 나누다가 친해지기도 해요. 입고 걸어 다니는 명함 같은 거잖아요.(웃음) 시골살이를 원만하게 할 수 있는 원동력이 되었죠."

● 우리나라에서는 『반농반X의 삶』이란 제목으로 번역되어 출간되었다. '반농반X'란 농업으로는 필요한 것만 충당하고 동시에 저술, 예술, 지역 활동 등을 하며 하고 싶은 일과 해야 하는 일(X)을 병행하는 삶의 방식을 말한다.

부부가 협력해서
운영하는
각자 다른 작은 장사

구즈오카 마코토葛岡誠

〈고가시야키소바
미쓰보시こがし焼きそば三ツ星〉

야키소바 가게

내용 야키소바 제조 판매 | **창업** 2014년 | **주요활동(판로)** 마켓 | **상품단가** 400엔~700엔 | **1일 최고판매액** 약 15만 엔 | **초기 투자금** 약 50만 엔(철판, 천막, 테이블, 프로판가스, 냉장냉동고, 비품 등) | **경비** 야키소바 재료 | **부업** 아주 가끔 토건업 아르바이트

프로필 1973년 생, 지바 현 조세이 군長生郡 조세이 촌長生村 출신 및 거주 | **가족** 아내와 아이 두 명

구즈오카 나쓰미|葛岡奈津実

〈데시고토공방 nuts
てしごと工房nuts〉

놋쇠 세공과 액세서리 작가

내용 놋쇠를 이용한 조금彫金 세공 제작 판매 | **창업** 2008년 | **주요활동(판로)** 마켓, 수공예 페어, 인터넷 판매 | **상품단가** 900엔~만 엔 | **1일 최고판매액** 약 8만 엔 | **초기 투자금** 달리 없음 | **경비** 금속, 실, 비즈 등의 재료

프로필 1980년 생, 도쿄 고가네이 시小金井市 출신, 지바 현 조세이 군 조세이 촌 거주 | **가족** 남편과 아이 두 명

남편은 야키소바, 부인은 액세서리라는 각자 다른 장사를 하면서 두 딸을 키우고 있는 부부가 있다. 마켓에 출점할 때는 옆에 나란히 가게를 두고 가족이 총출동하는 구즈오카 마코토 씨와 나쓰미 씨. 장사를 시작한 것은 아내인 나쓰미 씨가 먼저였다. 계기는 미술대학에서 금속공예를 배운 후 떠난 2년 3개월간의 중남미 여행이었다.

"길거리에서 액세서리를 판매하는 현지 젊은이들을 많이 만났어요. 자신이 만든 것을 직접 팔아서 여행한다고 하더군요. 더없이 심플한 삶의 방식이 무척 매력적으로 느껴졌어요. 저 자신도 여행지에서 처음 스스로 만든 것을 판매하는 경험을 했고, 귀국하고 나서도 각지의 이벤트에서 작품을 판매하게 되었지요."

도쿄 출신인 나쓰미 씨가 보소이스미 지역으로 이주한 것은 여행 중에 만난 마코토 씨와 결혼한 이후다. 마코토 씨의 부모님 집이 있어서 거주비가 거의 들지 않는다는 것이 신혼인 두 사람에겐 무척 고마웠다.

요리사 경력이 오래된 마코토 씨는 아이가 태어난 걸 계기로 야키소바 가게에서 점장으로 일했다. 지인의 권유로 일하기 시작한 이 가게는 업무 시간이 짧아서 선택했지만 머지않아 폐점했다. 가게가 없어졌을 때 마켓에 출점하는 야키소바 가게로 독립하는 것을 선택했다. 그가 내세운 문구는 "고가시멘*에 가다랑어 육수, 백퍼센트 올리브오일을 사용한 무첨가 소스 야키소바". 요리 경험이 풍부하지 않다면 결코 만들 수 없는 풍미

● 높은 온도에서 태우듯이 볶은 면.

가 진한 독자적인 야키소바다.

"지금의 일하기 방식을 선택한 이유는 가족과 많은 시간을 갖고 싶기도 했고 논밭을 통해서 자연과 접하고 싶었기 때문이에요. 평일에는 논밭, 주말에는 야키소바 가게라는 지금의 생활에 매우 만족하고 있습니다."(마코토 씨)

"둘이서 매번 현지까지 짐을 옮기고 노점을 세운 후 다시 정리해서 돌아오는 일이 힘들기는 하지만 좋아하는 일을 계속할 수 있는 기쁨은 무엇과도 바꿀 수 없어요. '수작업'으로 만든 작품이 가져다주는 충만함을 소중히 여기고, 생활에 근거한 물건 만들기를 목표로 헤쳐 나가고 싶어요."(나쓰미 씨)

한눈에 반한 풍경을 지키려는 마음으로 빚은 주먹밥

사카모토 가쓰히코坂本勝彦
〈오니기리 공방 갓창かっつぁん〉
주먹밥 가게

내용 이스미 쌀(이스미 지역에서 재배되는 쌀 브랜드)로 만든 주먹밥 | **창업** 2011년 | **주요활동(판로)** 점포, 마켓, 상품 위탁, 쌀 인터넷 판매 | **상품단가** 160엔~200엔 | **하루 평균매상** 약 2만 엔~5만 엔(마켓 출점 시) | **초기 투자금** 약 170만 엔(첫 점포) | **경비** 쌀과 속재료 등 | **부업** 없음

프로필 1962년 생, 도쿄 출신, 이스미 시 거주 | **가족** 아내와 아이 세 명 | **한 달 생활비** 약 20만 엔

　"가족을 데리고 이주한 것은 이스미의 전원 풍경에 한눈에 반했기 때문이에요." 이렇게 말하는 사카모토 씨는 마음을 사로잡은 풍경을 지키기 위해 지바 현의 3대 명품 중 하나인 '이스미 쌀'로 만든 주먹밥 가게를 시작했다. 그즈음 수도권에 있는 전철역 안에 주먹밥 가게가 생긴 걸 보고 잘 될 수 있을 거라고 느낀 것도 이유였다.

　가스 가마솥으로 밥을 지어 '나루카 돼지고기'나 '이스미 문어' 등 가능한 한 지역에서 나는 소재를 듬뿍 사용하고 화학첨가물을 일절 사용하지 않는 방식을 고집한다. 그렇게 하면서도 될 수 있는 한 가격을 낮춘다. 2015년에는 자택 옆에 점포를 지었다. 다만 많은 사람에게 이스미 쌀을 알리기 위해 주말에는 마켓에 출점하고 평일에만 가게를 운영한다.

"돈을 모으는 일은 어렵지만 손님들이 항상 응원해주시기에 해나갈 수 있어요."

지우개 도장으로
맺어지는 관계

오바타 메구미|小畑恵

〈kanoco〉

지우개 도장과 액세서리 작가

내용 지우개 도장과 액세서리 | **창업** 2004년 | **주요활동(판로)** 마켓, 워크숍 ※인터넷 판매 안 함 | **상품단가** 100엔~3,800 엔 | **1일 최고판매액** 약 3만 엔 | **초기 투자금** 몇천 엔 | **경비** 지우개, 액세서리 재료 등

프로필 1972년 생, 가나가와 현 출신, 오타키 정 거주 | **가족** 남편과 아이 한 명

　　자연환경에 매력을 느껴 도쿄에서 이주한 오바타 씨는 이전부터 액세서리를 좋아했다. 그러나 본격적으로 밭을 일구면서 시간 여유가 없어졌고 또한 고민가에 사는 동안 어두침침한 집 안 탓에 만들기와는 점점 멀어졌다. 지우개로 '도장'을 만들 수 있다는 사실을 알게 된 것은 이때다. "처음으로 도전한 지우개 도장이 다행히 잘 만들어졌는데 그게 무척 재미있어서 마켓에 출점하게 되었어요. 제 손으로 만든 물건이 다른 사람의 손에 건네지는 것이 정말 즐거워요."

　　머지않아 여러 점포로부터 도장 로고 주문이 들어오게 되었지만 본업으로 삼고자 결심한 것은 동일본 대지진을 겪은 후다. "아이들이 어렸기에 다른 지역으로 옮기는 것도 검토했어요. 결국 남기로 했지요. 하지만 남

는다고 해도, 새로운 곳으로 옮긴다고 해도 저를 표현하는 무언가가 있다
면 쉽게 기억할 테고 보다 쉽게 관계를 맺을 수 있을 거라고 생각했어요."

취미였던 양봉이
벌꿀 가게로

로버트 포트 & 포트 사쓰키
ロバートポット&ポットさつき

〈Honey pott〉
벌꿀 가게

내용 벌꿀 판매 | **창업** 2013년 | **주요활동(판로)** 마켓, 상품 위탁 ※인터넷 판매 안 함 | **상품단가** 500엔~1,200엔 | **하루 평균매상** 약 만 엔(마켓 출점 시) | **초기 투자금** 몇천 엔 | **경비** 꿀벌, 용기, 라벨 구입비 등 | **겸업** 영어교실 직영

프로필 로버트 씨는 영국, 사쓰키 씨는 미에 현三重県 출신. 이스미 시 거주 | **가족** 부부와 아이 두 명 | **한 달 생활비** 약 15만 엔

영어 교사로 일하는 로버트 씨가 자택 정원에서 시작한 양봉. 처음에는 순전히 취미로 했지만 "수확한 꿀이 맛있어서 모두에게 선보이고 싶었다"는 것과 "양봉에 필요한 투자비용 정도만 꿀이 팔린다면 지속할 수 있다"는 생각에서 아내인 사쓰키 씨와 함께 마켓에 출점해 비가열식 생꿀을 판매하기 시작했다. 마켓에서는 계절에 따라 달라지는 맛으로 '벌꿀 시식회'를 열거나 수확할 때마다 담는 용기병에 붙이는 라벨에 부부가 '디자인 경합'을 벌이는 등 공을 들이고 있다. "초기에는 가격을 정하는 기준을 몰라 파격가로 팔아버려서 실패했어요.(웃음) 양봉을 체험하고 싶어 일부러 수확을 도우러 오는 손님도 있어서 사람들과의 관계가 많이 늘었어요." 이들이 만든 벌꿀은 이스미 시의 고향세* 답례품으로도 선정되었다.

● ふるさと納税, 고향세란 지지하고 싶은 지자체에 기부하는 제도이다. 일정 금액을 기부하고 감사의 뜻으로 지역 특산품을 답례로 받거나 한다.

항상 새로운 작품을
생각한다

고시바 후사에古柴房枝
〈Life＊Bonz〉
자연재료 액세서리 작가

내용 액세서리 제작 판매 | **창업** 2005년 | **주요활동(판로)** 인터넷 판매, 마켓 출점, 위탁 판매 | **상품단가** 평균 약 2,500엔 | **하루 평균매상** 약 3만 엔(마켓 출점 시) | **부업** 음식점에서 런치타임 근무 | 사이타마 현 가와고에 시川越市 출신, 이스미 시 거주 | **가족** 남편과 애견 두 마리

　　취미인 비치 코밍●으로 모은 바다유리◆나 조개껍데기로 액세서리 및 잡화를 제작, 판매한다. 인터넷 매장으로 시작했지만 손님과 직접 거래하는 것에 매력을 느껴 마켓에도 출점하게 되었다. "만들기를 정말 좋아하는데 자연 소재로 이런 것도 만들 수 있다는 것을 많은 이들에게 알리고 싶었어요. 제작과 살림살이가 일상생활에 밀착되어 있어서 항상 새로운 작품에 대해 생각해요." 상품을 산 아이가 조개껍데기 모으는 일을 좋아하게 되어 여행지의 바닷가에서 사진을 보내준 일도 있다고 한다. 이스미 시에 거주하는 여성 모임 'isumie'에서 마켓을 개최하는 일도 거들고 있다.

●　beach combing, 바다를 빗질한다는 뜻으로 해안가에 밀려온 쓰레기를 줍는 행위를 말한다.
◆　sea glass, 바닷가에서 굴러다니다 마모되어 둥글고 매끈해진 상태의 유리 조각.

손에 쥔 도구로
작게 시작

모리이 미나코守井三奈子
〈모미지노테もみじの手〉
자연파 디저트 가게

내용 베지테리언 디저트, 현미면으로 만든 수프면 제조 판매 | **창업** 2008년 | **주요활동(판로)** 마켓 출점 ※인터넷 판매 안 함 | **상품단가** 200엔~400엔 | **하루 평균매상** 약 2~3만 엔 | **부업** 없음 | 사이타마 현 출신. 가모가와 시鴨川市 거주 | **가족** 남편과 아이 한 명

　이전에 근무했던 매크로바이오틱 카페에서 마켓 출점을 경험했다. 그 일이 즐겁다는 것을 알게 되어 결혼한 후에 이주한 가모가와 시에서 가게를 시작했다. "아와 머니あわマネー●라는 지역통화 축제 때 우연히 출점 기회를 얻은 것이 첫 시작이에요. 갖고 있는 도구로 가능한 범위에서 작게 시작했고 필요한 만큼만 사니까 초기 투자금은 별로 들지 않았어요." 달걀, 유제품을 사용하지 않는 디저트는 알레르기가 있는 아이를 둔 이들에게도 인기가 있다. "하루하루 충실히 보내고 있어서 만족해요. 조금 곤란한 점은 주말에 마켓 출점을 하면 아이들과 가족이 함께 놀 수 있는 시간을 갖기 어렵다는 것, 그리고 정원 손질이 항상 늦다는 것 정도일까요."

●　지바 현 남부(가모가와 시, 다테야마 시, 미나미보소 시, 교난 정 등)를 통칭하는 아와安房 지역에 살고 있는 사람들이 주로 참가하고 있는 지역통화.

자택도 직접 짓는
크래프트 공방 부부

아라이 마사토시 • 요코
荒井正俊 • 陽子
〈Moonchild〉
액세서리 작가

내용 액세서리 제작 판매 | **창업** 2009년 | **주요활동(판로)** 마
켓 출점 ※인터넷 판매 안 함 | **상품단가** 1,000엔~3,000엔 |
하루 평균매상 약 1만 엔~6만 엔 | **부업** 복지시설 차량 운행,
과자 만들기 지도 | 가나가와현 출신, 오타키 정 거주 | **가족**
부부

　만드는 일을 하고 싶어서 도쿄에서 이주한 아라이 씨 부부는 우선
4년에 걸쳐 자택을 직접 지었다. 그 후 작품을 만들기 시작해서 지역 마켓
과 수도권 근교 수공예 페어에 출품하게 되었다. "저는 직접 심은 다양한
나무 종류로 액세서리를 만들고 아내는 펠트볼 액세서리나 아로마 펜던
트를 만들고 있어요. 최근에는 둘이서 기획한 상품을 함께 제작하는 경우
도 늘고 있고요." 둘 다 기업에서 제품 만드는 일을 했지만 당시에는 여러
모로 딜레마에 빠졌었다. 그런 만큼 "지금은 제가 생각한 대로 작품을 만
들고 팔 수 있어서 정말 행복해요"라고 말한다.

어디까지 가능한지
도전

마쓰나가 사야카松永さやか

〈sayasaya〉

세상에 하나뿐인 아동복을
만드는 작가

내용 핸드메이드 옷 제작 판매 | **창업** 2016년 | **주요활동(판로)** 인터넷 판매, 마켓 출점 | **상품단가** 약 1,000엔~3.5만 엔 | **하루 평균매상** 약 7,000엔(마켓 출점 시) | **부업** 없음 | 와카야마 현 출신, 이스미 시 거주 | **가족** 남편

    마쓰나가 씨는 패션전문학교를 졸업하고 영국에 있는 패션디자인 대학원에서 유학한 후 패션회사에서 근무했다. 해외에서 그룹 전시회를 연 경력도 갖고 있다. 남편이 '지역 살리기 협력대'• 대원으로 취임한 것을 계기로 이스미 시에 이주해 우선은 양복과 소품을 만드는 미싱 서클을 시작했다. 거기에서 만난 선배 이주자들에게 마켓 출점을 권유 받아 독창적인 아동복을 만들어 판매하게 되었다. "제가 전부 직접 제작하면 상품에 애착이 가요. 반면에 뭘 만들고 싶은지 잘 떠오르지 않는 것도 제 문제니까 어디까지 가능한지 도전할 생각이에요." 마켓 출점 외에 백화점 등지에서 전시회도 적극적으로 열고 있다.

● '지역 살리기 협력대地域おこし協力隊'는 인구 감소와 고령화가 급속도로 진행되는 지역에서 외부에 사는 인재들을 적극적으로 받아들여 그들의 정착을 도우며 지역을 활성화시키는 일본의 사회정책이다.

만남도 즐기고,
함께 컬래버레이션도

다나카 히로코田中博子
〈게쓰고항結ごはん〉
독창적인 백반집

내용 음식업 | **창업** 2010년 | **주요활동(판로)** 마켓 출점. 일일 카페 개최 ※인터넷 판매 안 함 | **상품단가** 약 700엔~1,000엔 | **하루 평균매상** 약 1만 엔(마켓 출점 시) | **부업** 없음 | 지바 현 오아미시라사토 시大網白里市 출신 및 거주 | **가족** 남편과 아이 세 명

　　콩, 깨, 미역, 채소 등의 앞 글자를 따서 '마고와야사시이'[•]라고 표현되는 영양 균형이 좋은 재료, 약선藥膳 요리법, 여기에 수년간 살았던 오키나와 요리의 정수를 더해 독창적인 요리를 제공하는 다나카 씨. 그녀는 "마켓 출점 덕에 다양한 장소에 갈 수 있고 많은 분들을 만날 수 있어서 좋아요"라고 말한다. 출점 디스플레이는 멀리서도 한눈에 알아볼 수 있도록 세세한 부분까지 주의를 기울였다. 테이블과 텐트 커버, 집기는 각각의 전문가에게 제작을 의뢰했다고 한다. 커피 전문점 〈허그抱(HUG)〉와 컬래버레이션으로 여는 일일카페도 인기다.

- まごわやさしい, 직역하면 '손주는 착하다'는 말이지만 영양 균형을 맞춘 음식의 앞 글자를 따서 건강한 먹거리를 먹자는 의미로 일본에서 현재 널리 사용되고 있다. ま(まめ)=콩류, ご(ごま)=참깨, 들깨 등의 종실류, わ(わかめ)=해조류, や(やさい)=채소류, さ(さかな)=생선류, し(しいたけ)=버섯류, い(いも)=감자, 고구마 등의 뿌리채소류.

점포를 여는 것도
생각 중

이토 후미타카伊藤文隆
〈파라다이스 켄パラダイス軒〉
라멘 가게

내용 음식업 | **창업** 2012년 | **주요활동(판로)** 마켓 출점 ※인터넷 판매 안 함 | **상품단가** 700엔 | **하루 평균매상** 약 1만 엔~10만 엔 | **겸업** 악기 연주 | 니가타 현 조에쓰 시上越市 출신, 이스미 시 거주 | **가족** 부모

지역 어부에게 받은 생선 자투리로 육수를 내고 화학조미료를 일절 사용하지 않는 건강한 '코노 라멘(항구의 라멘)'을 만들어 제공한다. 무국적 요리점을 운영한 적도 있는 이토 씨는 음식업계에서 십 년 이상의 경력을 지닌 동시에 콘서트 백그라운드로 생계를 잇기도 하는 프로 음악가다. 현재 라멘 장사는 마켓 출점을 중심으로 하고 있지만 이후에 자택 부지에 점포를 여는 것도 고려하고 있다. "이 일을 하고 있으면 손님과 친구, 지인의 구별이 거의 없어져요. 그래서 스트레스도 적고요. 매상을 더 올리는 것이 앞으로의 목표예요."

'로컬'에서 작은 장사를
가능하게 하는 것

자동차 사회와 상점가, 그리고 마켓
― 환경적 측면

이 책의 무대인 보소이스미 지역은 도쿄 도시권 1도 3현 중 하나인 지바 현에 속하면서 상권으로는 그 권역과 떨어진 지역에 위치해 있다. 실제로 도쿄 도까지 특급열차로 편도 90분, 각역 정차로는 두 시간 걸리는데 시즈오카 현 아타미熱海나 군마 현 다카사키高崎까지 가는 거리와 거의 같다.

내가 사는 이스미 시는 초등학교 옆에 멧돼지가 심심찮게 출현하고, 몇 대 다니지 않는 특급열차가 정차하는 역 근처의 상점가마저 전국의 쇠락한 지방의 예로 항상 거론되는 셔터 거리シャッター街*가 되고 있다.

사람들의 이동수단은 단연 자동차다. 길을 걷는 사람이 드물기에 사위가 어두워지는 저녁 7시 이후가 되면 보행자는 교통사고를 당할 위험이 높아지고 "저 사람은 걸어서 어디까지 가려는 거지?" 하는 호기심 어린 눈길을 받는다. 실제로 "어디까지 가시나요?"라는 걱정 섞인 질문을 받은 적도 있는데 암흑 속을 달리던 자동차가 서서히 다가와 말을 걸어오는 것이 솔직히 무서웠다.

활기를 띠는 곳은 자동차 사회의 은혜를 입고 있는 국도변이다. 이곳에는 전국 체인점 슈퍼마켓과 농업용품을 취급하는 홈센터, 라멘 가게가 늘어서 있다. 문 닫은 상점가와 국도변에 있는 체인점은 어느새 일본 지방의 일반적인 풍경이 되었다.

수십 년 전에는 주택지 가까이에 일상생활에 필요한 용품을 살 수 있는 상점가가 있어서 무척 편리했을 것이다. 하지만 상점가에 차를 타고 들어갈 수 있게 되면서 사람보다 자동차 수가 더 많아졌고 상점가는 급격히 도로화되어 보행자의 안전을 확보할 수 없게 되었다. 머지않아 사람들은 차를 이용해 국도변에 있는 대형 슈퍼마켓에서 물건을 사기 시작했다.

상점가에 있는 많은 가게들은 자택과 일체형으로 되어 있기에 폐점을 했어도 사람은 계속 살고 있다. 드물게 "점포를 빌리고 싶다"는 사람이 나타나도 수도시설을 공유하는 문제나 방범상의 문제가 있어서 간단히 빌려주기 힘들다. "상점가에 자택 겸 점포를 갖고 있는 사람들이 가게를 세놓는 것 자체는 문제가 없어요. 하지만 가게에서 일하는 사람이 화장실을 이용하려면 집 안으로 들어올 수밖에 없고, 친척도 아닌 사람을 혼자

● 상점과 사무실이 폐점하거나 폐쇄돼 셔터를 많이 내린 상점가와 거리를 일컫는 말로, 중심 시가지의 공동화 현상을 나타낸다. 1980년대 후반부터 급격히 늘어 도시 문제가 되고 있다.

두고 집을 비울 수도 없어요. 돈이 드는 수도시설을 점포에 따로 설치하는 건 현실적으로 힘들고요"라고 상점가에 사는 지인은 말한다. 의외로 민감하고 어려운 문제다. 이렇게 자동차와 화장실과 방범상의 문제가 얽혀 '활기를 잃어버린 상점가'를 양산한다.

한편 상점가와 국도에서 떨어진 마을 숲이나 마을 앞바다에는 카페들이 여기저기 산재해 있다. 점주는 새로운 미래를 찾아 도시에서 시골로 거처를 옮긴 이주자가 많기 때문에 도시의 소란스러움을 잊을 수 있는 자연 속에 매장을 낸다. 마을 숲이나 마을 앞바다의 카페에 가려면 당연히 차가 필요하므로 사람들은 행정구역을 넘어 또다시 달리는 것을 일상으로 삼게 된다.

이 상태가 사실은 작은 장사에 나선 이들의 주된 현장인 마켓 문화를 지탱해주고 작은 장사 문화를 발전시키고 있다. 차로 여기저기 다니는 것에 익숙한 사람들은 외진 장소에서 개최되는 마켓에 가보는 일을 꺼려하지 않기 때문이다. 고객이 모이면 만드는 쪽도 힘이 난다. 만드는 쪽이 힘을 내면 마켓도 늘어난다. 지금 이러한 순환이 생겨나고 있다.

수입으로 비용을 감당하기
— 경제적 측면

로컬에서 '작은 장사로 생계를 꾸리기 쉽다'는 것은 환경적 측면과 더불어 경제적 측면도 한몫한다. 예를 들면 도쿄에 있는 절이나 큰 공원에서 열리는 각종 마켓(파머스 마켓은 농업 분야이기에 여기서는 제외)에 출점하는 이들은 헌옷이나 식물 등을 매입해 판매하는 사업자가 많고 자신이 직접 만든 가공식품이나 수공예 작품을 취급하는 개인은 적다. 그리고 이를 본업으로 삼고 있는 개인은 더욱더 적은데, 정신적인 충족감과 사람과의 만남을 이득으로 받아들이는 것에 만족하는 경우가 대부분일 것이다.

'일정 규모 이상의 프로 업자'와 '이익에 상관하지 않는 표현자'로 나뉘는 도시 마켓의 양극화는 작은 장사로는 도시 생활비용에 걸맞은 이익

임대
6, 4.5, 3조 방 세 개·
부엌 3조·공영수도·
수세식 화장실
임대료 30,000엔
주차 1대 가능
부담 없이 연락주세요
보증금 사례금 없음

을 올리기 어렵다는 점에서 비롯한다. 하지만 손님은 역시 '프로 업자의 상품'보다 '개인의 표현'에 더 끌린다. 마켓의 재미는 대부분 개인 출점자 덕분에 유지된다고 볼 수 있다. 도시는 경쟁이 심하기 때문에 보다 개성 있는 표현과 박력 있는 장사가 도드라지는 측면도 있지만 개성 있는 표현을 하면서도 이익을 확실히 낼 수 있는 환경이 되면 마켓뿐만 아니라 마을도 더욱 활기차게 변할 것이다.

보소이스미 지역은 생활비용 대비 작은 장사로 얻을 수 있는 수입 비율이 도시에 비해 상당히 크다. 비용 측면을 잘 알 수 있는 예로 도시와 거의 같거나 좀 더 넓은 집을 빌릴 때 마음만 먹으면 도시의 절반 가격으로 구할 수 있다는 점을 들 수 있다. 한편 일반적인 물가 차이는 월세만큼 크지 않다. 그렇기에 직접 만든 상품도 도시 마켓 가격의 80퍼센트 수준의 값으로 팔 수 있다. 준비한 것을 전부 팔 수만 있다면 매상은 도시와 비슷할 것이다. 그러면 집세 정도를 버는 것도 가능해진다. 머지않아 "열심히 해서 작은 장사만으로 생계를 꾸릴 수 있을 것" 같은 지평이 보이면 작업 시간과 기술 향상에 중점을 두고 본격적으로 도전하는 사람들이 생길 것이다. 그렇게 해서 상품의 질이 높아지면 상품 가격도 점점 올라간다.

또한 도시와 비교할 때 면적이 넓은 집과 작업 장소는 생산력과 보관 능력을 증대시킨다. 많은 양의 상품과 천막 등의 출점도구를 차에 실어 한꺼번에 옮길 수 있다는 것도 이점이다. 도시에서는 차를 사용하면 주차비가 들고 차가 없어서 렌트하면 그만큼 이익이 준다. 그렇다고 많은 양의 상품과 출점도구를 전철로 옮기는 것은 현실적이지 않다.

요컨대 지방은 대체로 도시보다 고정비가 적게 들기 때문에 장사를 시작하기 쉽다. 손익분기점이 낮고 생산력, 보관력, 운반력 등 그 어떤 것을 비교해봐도 더 유리하다. 그리고 사람이 적기에 동료들과 관계를 맺기가 쉽고 라이벌 또한 적다.

사실 뭔가를 시작하려고 할 때 '라이벌이 적다'는 점은 무척 중요해서 첫걸음을 뗄 수 있는 디딤돌이 된다. 아이디어가 떠올랐을 때 주위를 둘러보니 달리 하는 사람이 없다면 '내가 할 수 있지 않을까?'라고 생각할 수 있기 때문이다. 먼저 자리를 잘 잡은 사람에게 열등감을 느껴 시작하기도 전부터 기가 꺾이는 경우가 적지 않으니까 말이다.

보소이스미 지역은 좋아하는 것을 만들거나 작은 장사를 하는 사람들이 주위에 많기 때문에 '나도 한번 해볼까?'라고 생각하기 쉽다. 장사 노하우를 몰라도 바로 배울 수 있는 환경이 갖춰져 있기도 하다. 라이벌이 적고 동료가 많은 공간에서는 만드는 쪽의 입지가 넓어지고 작은 장사의 경제 권역도 확대된다.

이런 점에서 보면 로컬에서 시작하는 작은 장사가 큰 가능성을 품고 있다는 것을 다시금 알 수 있다. 로컬은 도시보다 하고 싶은 일을 작게 시작해서 그것을 본업으로 삼기에 훨씬 좋은 조건을 갖추고 있다.

중요한 것은 '생활' 혹은 '자기표현'
— 마인드 측면

어느 여름에 여행을 떠났던 중국 베이징. "저기까지 좀 가주세요"라고 말한 후 택시 대신 인력거를 탔다. 하차할 때가 되자 성격이 시원시원해 보였던 아저씨가 중국어로 심하게 우겨대는 바람에 결국 처음 약속한 가격보다 더 많은 돈을 내고 말았다. 밝은 도로에 잘 정비된 마을 거리 양쪽에는 다소 무너진 담장이 있었고 그 너머에 가난한 사람들이 사는 부락이 있다는 것을 알고 있었다. 그들에게 일이란 살아가기 위한 수단이었다. 그 인력거 아저씨도 지금은 벌이가 더 좋은 일을 하고 있을지도 모르겠다.

장소를 바꿔 에도 시대의 대도시 에도에 관한 이야기를 해보자. 『에도 상품 그림지도』(주오문고)라는 책에 따르면 길거리에는 지금으로선 상상도 못 할 진기한 상품이 쫙 펼쳐져 있었다고 한다. 곰 머리부터 털가죽을 싹 벗겨 만든 하오리*, 바닥에 돗자리를 깔고 약을 늘어놓은 채 팔거나 자신의 부모를 업고 "효자이옵니다"라며 돈을 걷는 장사꾼, 고추 모양을 그대로 따라 만든 커다란 모형을 업은 채 자루에 고추를 가득 담아 돌아다니며 파는 상인…… 매우 희한하면서도 자유롭다. 어떤 장사라도 사람의 이목을 끄는 기술을 갖고 있던 야무진 에도 상인들이 놀랍고, 가능하다면 그런 재미있는 길목을 걸어보고 싶기까지 하다.

하지만 인력거도 약 파는 일도 본인에게는 살아가는 데 필요한 양식을 얻기 위한 수단일 뿐, 그 장사가 좋아서 시작하지는 않았을 것이다. 어린 시절부터 '곰약*상인'을 꿈꾸고 그걸 하기 위해 애쓰다가 죽을 때까지 그 일을 한 사람은 없을 거라고 생각한다(있다면 무척 재미있겠지만). '곰'도 '고추'도 '효행'도 벌이가 더 좋은 일을 찾다가 전업한 게 아닐까.

그리고 현재의 일본. 거의 굶지 않고 살 수 있는 사회가 되었고, 사람들은 일을 통해 자기표현(자신이 하고 싶은 일)을 추구하게 되었다.

작은 장사도 '살아가기 위한 작은 장사'에서 '자기표현을 위한 작은 장

- はおり, 옷 위에 입는 짧은 겉옷.
- 일본 아스카 시대부터 사용되어온 곰의 담낭을 이용해 만든 소화제.

사'로 바뀌고 있다. 후자는 "수지가 맞지 않아도 좋아하는 일이니까 계속 해나가겠다"는 의미다. 이제는 살아가기 위해 도로가에 뒹구는 꽁초 줍기 (담배꽁초를 주워서 파는 일)로 푼돈을 버는 사람도 없고 하고 싶지 않은데 어 쩔 수 없이 작은 장사를 시작하는 사람도 없다.

도시에서 지방으로 거처를 옮기는 이주자는 '여유로운 삶을 표현하 고 싶은 사람'과 '하고 싶은 것을 하기 위해 외골수로 일하는 사람'으로 분 류할 수 있다.

이 책에도 등장하는 〈다루마리〉의 와타나베 이타루·마리코 씨 부부 는 외골수파의 대표주자다. 실제로 인터뷰 중에 몇 번이나 '외골수'라는 표현을 반복했다. 또한 "백퍼센트 하고 싶은 일을", "백퍼센트 납득할 수 있는 상품을"이라는 문장을 쓰는 사람도 많았다. 그들의 목적은 '여유로 운 시골 생활'이 아니라 납득할 수 있는 것을 만들고 그걸 팔아서 살아가 는 충실감이다. 그래서 우직하고 단순하게 하고 싶을 일을 향해 몰두한다.

작은 장사를 하며 살기 위한 노동시간

그렇다면 백퍼센트를 추구하는 외골수파 사람들이 좋아하는 일에 몰두해서 그걸로 생계를 이어 가려면 도대체 어느 정도 일해야 할까? 하 는 궁금증이 생길 것이다. "지방은 고정비가 적게 든다고 해도 좋아하는 일로 생계를 꾸리는 것은 쉽지 않겠지?"라는 의문이 들 테니 말이다.

그런데 매상에 대해서는 시원하게 대답해주는 사람들이 노동시간에 대해서는 확실히 답하지 못했다. 이유는 어디까지가 공적인 시간이고 어디까지가 사적인 시간인지 명확히 구별하기 힘들어서다.

역시 작은 장사 방식으로 케이크 가게를 운영하는 내 아내도 "다음에 개최하는 마켓 모임에 다녀올게"라며 친한 바리스타와 함께 카페에서 열리는 런치 모임에 다녀온 후 "맛있었어"라며 어쩐지 만족스러운 모습으로 돌아오는 경우가 많다. 이럴 때는 일과 놀이의 구별이 거의 없어 보인다.

또한 그들은 흔히 말하는 오프타임을 즐기기 위한 취미를 별로 갖고 있지 않다. 이것은 취미가 본업으로 이어진 결과 온오프 전환이나 스트레스 발산을 위한 취미가 필요하지 않게 되었기 때문이 아닐까? 일하는 시간이 길어도 '좋아하는 일에 충분한 시간을 들이고 있다'는 기쁨이 있다면 노동시간은 '구속시간'이 아니게 된다.

점포가 있는 작은 장사

보소이스미 지역에서 작은 장사를 하는 다수는 고정점포라는 거점이 없기에 장소와 고정비라는 무게에서 해방되어 있다. 사실 이런 시골에서는 고정점포에서 내내 손님을 기다리기보다 마켓처럼 사람들이 모이는 특정 날짜, 특정 장소에 정확한 목표를 두고 출점하는 편이 장사 효율도 높다. 그렇게 하면 자신이 원하는 만들기나 장사를 끝까지 추구할 수 있는 시간적인 여유도 생긴다.

한편 거점이 갖는 절대적인 메리트도 있다. 무엇보다 외부에 미치는 파급력이 현저히 증가한다. 점포가 실제로 존재하면 자신의 입지를 넓게 표명할 수 있게 되고 발신력發信力도 강해진다. 입소문 덕에 손님층이 다양해지거나 미디어에 소개되는 기회도 늘어서 관광객이 일부러 가게를 찾아오기도 한다. 자신이 뿌리내린 지역사회와 유대 관계도 더욱 깊어져서 장사가 폭넓게 전개될 가능성도 있다.

고정점포를 가지고 경영하는 것은 자신이 하고자 하는 장사의 미래에 책임을 지는 일이다. 귀찮은 일도 늘지만 즐거움도 깊이를 더한다.

과제는 투자에 걸맞은 수익을 얻는 것이다. 장소를 잘 활용하지 않으면 장점이 생기기 이전부터 단점이 두드러지게 된다. 거점을 갖는 것은 성가신 일을 떠맡는 것이면서도, 다음 무대를 열어줄 장사의 가능성을 크게 넓히는 것이기도 하다.

마켓에서 사람을 만나고
점포에서 비전을 발신한다

〈커피 구로네코샤くろねこ舍〉
곤노 모토코今野もとこ 씨의 경우

시작은 로스팅 연구

2015년 12월 모바라 시 근교에 〈커피 구로네코샤〉 점포가 오픈했다. 그전까지 마켓에 출점하는 노점 형태로 활동하면서 동시에 실제 점포를 열기 위해 약 2년에 걸쳐 고민가를 개축했다.

마켓을 통해 손님뿐만 아니라 출점자들과도 유대가 생겼다. 그런데 〈커피 구로네코샤〉는 점포를 연 후에도 마켓 출점을 병행하고 있다. 왜일까? 그리고 고정비 절감을 위해 마켓 출점에만 한정하는 활동가들이 많은데 점포 운영과 마켓 출점 양쪽을 병행해서 얻을 수 있는 것은 무엇일까?

영업이 끝난 점포를 방문하니 "예전에는 커피를 잘 못 마셨다"고 거리낌 없이 말하는 점주 곤노 씨가 커피를 내려주었다.

"도쿄에 살았을 때 '북카페'의 멋진 분위기에 반해 커피 매장에서

일하게 되었어요. 매장에서는 매일 아침 스태프들
이 '오늘의 커피'를 시음하는 시간이 있었는데 그때
처음으로 저도 마실 수 있는 커피가 있다는 걸 알
게 되었죠. 그렇다면 내가 맛있게 마실 수 있는 커

피는 어떤 것일까 하고 찾다 보니 로스팅 상태나 만드는 방식의 차이
에 따라 맛이 달라지거나 개성이 드러난다는 것을 깨닫고 점점 빠져
들었지요."

13세기부터 마셨다는 기록이 있을 정도로 오랜 역사를 지니고 있는
커피는 옛날부터 사람들을 매료시켜왔다. 로스팅 방법 하나로도 열 조절
을 달리해서 단맛을 내거나 탄 맛을 내거나 또는 그렇게 로스팅한 원두를
좀 재워둬서, 차로 말하면 옥로*처럼 부드러움을 느낄 수 있는 맛을 낼 수
있다. 이러한 깊이의 심연에 곤노 씨는 몰두했다. 그리고 드디어 자택에서
까지 커피 로스팅을 연구하게 되었다.

"원하는 맛에 근접하고 싶어서 로스팅을 반복하다 보니 커피 원두
가 너무 많이 생겼어요. 집에서 다 마실 수 없을 만큼 양이 많기도 했
고 여러 사람들에게 맛보이고 싶기도 했어요. 그래서 도쿄 조후調布
시에 있는 진다이지 절深大寺과 이케부쿠로에 있는 예술극장 앞 광장,

● 찻잎이 나올 무렵 차나무에 그늘을 만들어 싹이 햇빛을 덜 받게 재배해 만든 차.

시부야에 있는 요요기하치만 신사 등지에서 열리는 마켓에 출점하기 시작했죠."

커피 노점을 시작하니 전과는 달리 걱정 없이 원두도 갈 수 있고, 커피를 마신 손님에게서 감사의 말도 듣는 등 좋은 일만 가득했다. 곤노 씨가 커피 매장을 열겠다고 생각하게 된 것은 자연스러운 흐름이었다.

커피는 향, 맛, 여운까지 시간을 들여 음미하는 음료다. 손님이 한숨 돌릴 수 있는 보다 개인적인 공간을 어떤 입지 조건에서 제공할 것인지는 커피 매장을 열려고 하는 사람이라면 반드시 거쳐야 할 물음일 것이다.

2013년 곤노 씨는 자신이 원하는 공간을 지바 현 모바라 시에 있는 고민가로 정하고 남편과 함께 고양이 한 마리를 데리고 이주했다.

"도쿄에서 가게를 연다면 되도록 도심 쪽과 가까운 번화가에 차리고 싶었어요. 하지만 그런 장소는 처음에 지불해야 할 보증금을 비롯해서 금전적으로 부담이 너무 컸어요. 언젠가는 자연에 둘러싸인 곳에서 살고 싶은 소망도 있었기에 여러 군데를 돌아보고 최종적으로 결정한 곳이 여기예요. 물론 논밭과 산에 둘러싸인 이곳에 손님이 당장 오리라곤 생각하지 않았어요. 그래도 제가 믿고 있는 '질 좋은 것'을 1년, 2년 계속해서 제공하다 보면 그사이에 반드시 궤도에 오를 거라고 생각했지요.

장사가 잘 안 된다고 반년 정도 하다가 가게를 접을 거면 하지 않는 편이 낫다고 봐요. 가게를 열겠다고 결심하고 이사한 후 몇 년 정도는 고생하더라도 지속할 수 있도록 준비는 해오고 있었어요."

없으면 내가 만든다

일반적으로 시골 매장은 존재를 알리기까지 일단 시간이 걸린다. 하지만 그 몇 년이라는 인내 기간을 상정했을 때 곤노 씨 머릿속에는 마켓 출점이라는 선택지가 있었다. 그때까지 도쿄에서 매달 3회 정도로 출점하던 경험이 있었기 때문이다. 그러나 보소이스미 지역에도 마켓이 있다는 것을 이사 전에는 몰랐다고 한다.

"물론 모르긴 했지만, 없다면 도쿄 마켓에 나가면 된다고 생각했어요. 실제로 이사하고 나서 한동안은 도쿄 조후 시에서 열리는 마켓에 편도 두 시간 걸려 다니던 시기도 있었고요. 만약 보소 지역의 마켓 출점만으로 충분치 않았다면 아직도 조후에 다니고 있겠죠."

실제로 일 년 정도는 생활도 장사도 앞이 보이지 않을 정도로 불안한 날이 많았다고 한다. 훗날을 생각해서 어디서든 일할 수 있는 간병 일을 택한 남편이 일을 하면서 짬짬이 점포 개축을 진행했기 때문에 완성도 멀게만 느껴졌다. 하지만 상상 이상으로 지역 마켓이 많이 열린다는 점이 곤노 씨에게는 행운이었다.

"마켓 주최자가 출점을 권유하면 아무튼 전부 받아들이자고 생각했어요. 그 속에서 제가 어떻게 하면 즐겁게 일할 수 있을지 열심히 궁리해서 참가했지요. 하나의 전환점이 된 건 어느 날 여기서 알게 된 사람이 '근처에 비어 있는 장소가 있는데 마켓을 해보지 않을래요?'라고 말을 걸어준 일이에요. 아직 이 지역에 아는 사람이 적었기 때문에 도쿄에 출점하는 동료들도 불러서 처음으로 마켓을 주최했어요.

도쿄처럼은 안 되겠지, 모든 면에서 다르겠지라고 생각했는데 의외로 많은 손님들이 와주신 덕분에 적자가 나서 고생하는 일도 없었죠. 이 일은 제게 매우 큰 사건이었어요.

그런 식으로 해나가면서도 저는 그걸로 만족하지 않고 커피 가게 일을 더 늘리고 싶었어요. 그래서 2년째부터는 열두서너 개 점포를 모아서 소규모 마켓을 열기 시작했죠. 스스로 시작한 것이니까 뭔가 바꿀 수 있지 않을까 하는 희망도 있었어요. '일이 적다'고만 말하지 않고 '없으면 내가 만들면 돼'라고 생각했기 때문이지요. 그러자 점점 저를 기억해주는 사람들이 늘어났어요. 여러 작가들과 알게 되는 계기도 되었고요.

아직 점포는 완성되지 않았을 때지만 제가 직접 마켓을 주최하기 시작한 지 2년째부터는 드디어 커피 판매 수입만으로 생활이 안정될 수 있었죠."

고정점포는 자신의 실력을 시험한다

고민가 개축을 진행하며 마켓 출점을 병행하던 〈커피 구로네코샤〉는 이렇게 어느 정도 알려진 상태에서 점포를 오픈했다. 곤노 씨는 2013년에 이주한 이래로 약 2년에 걸쳐 마켓을 통해 점포 개업을 알렸고 모두가 기대하는 가운데 가게를 오픈했다.

말하자면 점포 예고 안내판으로서 마켓에 출점한 것이 고정점포 경영을 빠르게 궤도에 올리는 데 도움을 줬으리라고 생각했으나 곤노 씨가 실제로 느끼는 점은 조금 달랐다.

"마켓에 출점한다고 해서 점포에도 손님이 와줄 것이라고는 백퍼센트 장담할 수 없어요. 우선 어느 정도 얼굴을 익힌 사람이나 손님이 기뻐해주는 게 중요해요. 마켓은 사람과 만나는 장소이고 출점은 사람들에게 보여주는 일이지요. 다른 사람들을 둘러봐도 모두에게 사랑받는 가게는 센스가 있고 상품도 매력적일 뿐 아니라 여러 가지 일에 주의를 기울이는 곳이에요. 그런 면을 보다 보면 앞으로 잘 해나갈 수 있을지 없을지는 정말로 제 하기 나름이라고 느껴요."

물론 마켓은 많은 사람들에게 알려지는 계기가 될 수 있다. 하지만 그곳은 기본적으로 인기 있는 가게만 주목받는 곳이 아니라 다양한 가게들이 모이는 가운데 즐거움을 만끽하는 사람들이 모이는 장소이다. 각각의 가게가 갖고 있는 모객 능력이 약하더라도 손님은 모이는데, 그것이야말로 출점하는 측이 얻을 수 있는 메리트다. 곤노 씨도 "다른 분들이 갖고 있는 모객 능력에 굉장히 도움을 받았다"고 생각하고 있다. 하지만 고정점포에는 자신의 실력만으로 손님을 끌어야 하는 엄격함이 존재한다.

"고정점포와 마켓 출점을 병행하고 있는 지금의 매상 비율은 마켓

이 4, 커피 원두 판매와 매장 운영을 합해서 6 정도예요. 예를 들면 중간급 규모의 마켓에서 올리는 하루 매상은, 고정점포 매상의 이틀치 분과 맞먹지만 큰 마켓이라면 두 배가 되는 경우도 있어요. 마켓은 그 정도의 힘을 갖고 있지요.

하지만 마켓에는 제 실력을 보고 찾아주는 손님만 있는 게 아니에요. 그래서 그만큼 잘 팔리는 것에 두려움을 느끼기도 해요. 제가 착각할 것만 같아서요. 저는 정말로 커피 한길로만 나아가고자 해요. 그래서 단발성 마켓에서 '와, 많이 팔렸다'고 기뻐하기만 할 게 아니라 앞으로 어떻게 해나갈지 확실히 구상해두어야 해요. 노력을 게을리하면 미래는 오지 않는다고 생각하거든요."

점포를 들여다보면 카운터에서는 넬드립* 커피를 내리고, 손수 작업해서 만든 선반에는 예전에 동경했던 북카페처럼 좋아하는 책들이 가지런히 놓여 있다.

"여기는 제가 줄곧 하고 싶었던 일을 구체적으로 실현한, 제 꿈이 결집된 가게예요. 저는 이 일을 지속하기 위해서 제 신념과 하고 싶은 일에 대한 명확한 비전을 손님들에게 전달해야 한다고 생각해요. 이 가게는 그 비전을 눈에 보이는 형태로 전하는 장소이기도 하고요."

● nel drip, 커피 핸드드립 방법 중 하나로 천으로 만든 주머니 안에 커피 가루를 넣어 우려 마시는 추출법. 커피를 내리는 사람의 개성이 강하게 표현되기 때문에 커피를 좋아하는 사람들에게 인기가 많다.

현재의 경영 형태는 월 평균 점포 영업일이 약 18일, 마켓 출점일이 약 5일이다. 점포를 무사히 오픈하고도 여전히 마켓 출점을 하는 이유를 물어보았다.

"경제적인 이유도 있어요. 하지만 매장만으로 꾸려갈 수 있다고 해도 마켓 출점을 완전히 그만둘 생각은 없어요. 왜냐하면 마켓은 재미있는 사람들과 만날 수 있는 장소이고 거기에서 다양한 사람들과 관계를 형성한 덕분에 지금의 제가 있으니까요. 열심히 노력해서 손님을 만족시킨다면 거기서부터 유대가 생길 수 있다는 것도 마켓의 재미예요.

하지만 마켓에 나가려면 가게를 쉬어야 하는데 일부러 가게를 찾는 손님들을 실망시키는 일은 피하고 싶어요. 제게는 양쪽 모두 소중하니까 지금은 적당한 균형을 찾으려고 고민하고 있어요."

오픈은 한 달에 한 번,
장소는 최대한 활용한다

〈치즈공방 '센千'〉
시바타 치요柴田千代 씨의 경우

시골 가게를 보고 용기를 얻었다

보소이스미 지역에서도 산속 깊은 곳에 있는 오타키 정. 2014년에 오픈한 〈치즈공방 '센'〉은 고민가 내실을 개축해 만든 공방 겸 점포이다. 열 명 정도로 만석이 되는 가게는 한 달에 단 하루만 운영하지만, 그 하루를 위해서 가게 근방뿐만 아니라 지바 현 외의 지역에서도 차를 타고 손님들이 몰려온다.

그런 독특한 경영 스타일을 지키는 점주이자 치즈 장인인 시바타 치요 씨는 평일에는 미생물연구소에서 일하는 연구원이다. 치즈 원료인 우유를 매입하는 목장 근처에 있는 그녀의 공방으로 치요 씨를 만나러 갔다.

"아침에 처음 짠 신선한 우유를 사용하면 발효 공정이 원활하게 진행돼요. 그래서 그날 짜서 가열 살균한 우유를 당일 원료로 구입하

죠. 이 산속을 선택한 이유도 목장과 직접 거래하며 치즈를 만들 수 있기 때문이에요."

치요 씨는 홋카이도 아바시리 시網走市에 있는 도쿄 농업대학 생물산

업부에서 발효를 배운 후에 홋카이도에 있는 치즈공방에서 2년 반 동안 숙식하며 수련했다. 게다가 프랑스에 있는 목장 겸 치즈공방을 일 년에 걸쳐 돌면서 견식을 넓히고 기술을 향상시켜 돌아왔다.

"프랑스에서 근거지로 삼은 홋카이도로 돌아온 것이 스물여덟 살 때예요. 거기에서 드디어 제 공방을 만들기로 결심하고 시작했을 즈음 지바 현에 사는 아버지가 쓰러지셨어요. 홋카이도는 동료들이 많이 있어서 공방을 만들기에 적당한 유력 후보지였지요. 하지만 아버지의 건강 상태가 나빠져도 너무 멀어서 당장 돌아갈 수가 없었어요. 또 환경적으로 어려운 점도 있어서 다른 장소를 찾기로 했지요."

낙농산업이 번성한 홋카이도는 소젖을 원료로 한 국산 내추럴 치즈로도 일본 최고의 생산량을 자랑한다. 기업 공장뿐만 아니라 낙농가가 자체적으로 치즈공방을 운영하며 브랜드를 만들어 전국으로 판로를 넓히는 격전지이다. 목장도 없고 자금력도 빈약한 개인이 처음부터 공방을 만들어 뛰어들기에는 지극히 어려운 장소인 것이다. 우선 전문설비가 필요한 치즈공방을 개인이 시작하는 것 자체가 벽이 높다. 홋카이도를 떠나서 다른 치즈공방에 고용되어 일하는 선택지는 없었던 것일까?

"제가 만들고자 하는 치즈 이미지가 있었기에 꼭 개인적으로 하고 싶었어요. 낙농가가 착유한 우유로 만드는 거죠. 작은 규모로 완결시키는 공방을 동경했어요. 제 모토는 '손이 닿는 범위가 마음이 닿는 범위이다'예요. 그걸 위해서는 제 공방이 있어야 하고 파트너가 될 낙농가를 만나야 했지요."

치요 씨는 부모님 댁과 가까운 보소 지역에서 점포를 찾기 시작했다. 시간을 마냥 흘려보내지 않도록 마음먹고 점포를 찾기까지의 기간을 3년으로 한정했다. 기간 내에 아슬아슬하게 발견한 곳이 지금의 고민가였다.

"프랑스에서도 제가 돌아본 곳은 가족경영을 하는 소규모 치즈공방뿐이었어요. 미래의 제 자신이 될 수 있을 것 같은 곳, 이를테면 불편한 시골에서 작은 규모로 치즈를 만들고 마켓에서 판매까지 자신이 전부 직접 하는 공방 말이죠. 어느 정도 레벨의 치즈를 얼마에 파는지, 손님에게 건넬 때 사용하는 포장 형태는 어떤 것인지 아무튼 하나도 놓치지 않으려고 열심히 봤지요."

작은 규모로 제조에서 판매까지 포괄적으로 하는 치즈공방에 대한 이상은 이렇게 몇 년에 걸쳐 치요 씨 안에서 자라났다. 그래서 보소이스미 지역에 자신의 공방을 만들기로 결심했을 때도 지역 마켓에 관심이 갔다고 한다. 점포 찾기와 병행해 빠짐없이 마켓을 돌아보고 출점자가 만드는 상품 내용, 가격, 장사 규모 등을 꼼꼼히 관찰했다.

"처음에는 시장 조사 차원이었어요. 하지만 수작업을 직업으로 삼은 사람들을 많이 보면서 무엇보다 이런 시골에서도 열심히 하면 되는구나! 하고 용기를 얻었어요. 게다가 제가 손님 자격으로 마켓을 돌다 보니, 제작자한테서 직접 상품을 구매하는 데에서 오는 참맛을 새삼 느껴보기도 했고요."

가능성을 넓히는 '겸업'

우유는 여름에는 유지방이 적어 묽어지고 겨울에는 반대로 진해진다. 계절에 따라서 성분이 변화하는 원료에 어떤 유산균과 효모균과 곰팡이균을 조합하고 특징을 살려 완성할 것인가, 그것이 치즈 장인의 실력이 드러나는 지점이고 완성된 치즈의 개성이 된다. 치요 씨가 균을 조합하는 균형은 당연히 전부 독창적으로 개발한 것이다. 매번 다양한 데이터를 취합하며 레시피를 완성시킨다.

"조합은 무제한으로 가능하고 아무리 많이 해도 그만큼 다양한 방법이 있다는 점이 재밌어요. 지금은 일 년에 네 번으로 시즌을 나눠서 그 시기에만 먹을 수 있는 치즈를 만드는 일에 도전하고 있어요."

만들고 있는 치즈는 프레시 치즈부터 숙성시킨 치즈 타입까지 약 여

덟 종류. 가게 경영은 한 달에 하루뿐이지만 그 영업일에 맛의 절정을 이루는 치즈를 내놓기 위해 매일 공방에서 치즈 만들기에 노력을 쏟고 있다. 평일은 직장에서 근무하기 때문에 그 전후 시간 동안 치즈 장인으로서 일한다.

"제가 일하는 곳은 일본에서 제일 큰 미생물연구소예요. 거기에서 유전자를 해석하는 일을 하고 있지요. 보소에 이주한 후 우연히 발견한 근무지인데 곰팡이, 효모, 유산균 각각에 전문가들이 있어서 치즈를 만들 때 곤란한 일이 생기면 상담을 하기도 해요. 일하면서 균을 키우는 지식도 확실히 얻고 있고요. 최고의 환경이죠."

치즈공방 장인과 미생물연구소 연구원의 겸업은 자신이 이상으로 삼은 치즈 만들기에 한 발 더 다가가는 동시에 손님이 좋아하는 치즈 만들기를 목표로 한 결과다.

"제가 만드는 치즈의 완성도를 높이고 실력을 더 기르려면 기술과 감도感度를 연마하는 공부가 필요하고 제게 투자하기 위한 돈도 필요해요. 특히 비용 문제 때문에 치즈공방이 성장할 가능성을 가둬버리는 일은 피하고 싶어요.

예를 들어 제 스스로 가장 좋은 원료라고 생각한다면 원료비는 따지지 않고 어떡해서든지 그것을 사용하고 싶어요. 예전에 인연이 닿아 프랑스에서 들여온 질 좋은 레닛rennet(우유 응고 효소)을 사용할 수 있는 기회가 있었어요. 그럴 때 '돈이 없어서 살 수 없는' 상황이면 곤란하잖아요. 항상 그때그때 맞는 더 좋은 원료로 치즈를 만들 수 있는 환경을 만들고 싶어요. 그래서 그것이 가능하도록 생산량과 가격을 산출하고 있지요. 그런 질 좋은 상품을 원하는 손님들을 소중히 여기고 싶어요."

이러한 선행 투자가 가능한 것도 겸업을 유지하고 있는 덕분이다. 최

근에는 서서히 치즈공방만으로도 수지가 맞게 되었다고 한다. 공방 하나만 해도 되는 타이밍은 언젠가 자연스레 찾아올 것이다.

이 스타일에 대해 '길을 돌아간다', '이도 저도 아니다'라는 말로 깐깐한 평가를 내리는 사람도 있는 것 같다. 하지만 치요 씨는 그런 사람들이 생각하는 것 이상으로 더 멀리 내다보고 있다. 연구소 업무와 양립하며 얻을 수 있는 경제적 여유를 순환시켜서 치즈의 질, 배움의 기회, 고객과의 친분을 더 깊이 있게 만들기 위해 투자한다. 이를 반복하는 것으로도 공방의 스케일은 보다 본질적인 의미에서 커질 수 있기 때문이다.

'장소'에서 만남의 연쇄를 만든다

실은 〈치즈공방 '센'〉에서 판매하는 것은 치즈만이 아니다. 근처에서 활동하는 도예가의 작품, 로컬 양봉가의 꿀, 마찬가지로 로컬에서 만든 쿠키나 차 종류 등 치요 씨가 선정한 '수작업' 상품도 함께 놓여 있다. 또한 공방의 뒷마당에 속하는 고민가의 넓은 공간을 활용해서 도예작가 전시회도 연다. 그렇게 해서 작가의 팬들이 치즈공방을 알게 되고 치즈공방을 계기로 작가의 새로운 팬도 생겨나곤 한다.

상품의 팬을 늘리기 위해 장르는 다르지만 친화성 높은 기업끼리 협력하는 컬래버레이션은 효과적인 마케팅 수법의 하나인데 치요 씨 방식도 그것과 비슷하다. 자신이 감정사가 되어 훌륭한 작가를 소개하면서 손님을 공유하는 등 연쇄적인 만남을 점점 넓히고 있다. 이것은 손님에게도 무척 즐거운 일이다.

"이러한 인연으로 시작된 손님과의 관계는 매우 끈끈해요. 무엇보다 공방과 고민가를 만난 건 무척 큰 인연이죠. 그래서 눈앞에 보이는 이익으로 연결되지 않더라도 이 장소의 가능성을 끌어내는 것에 도전하고 싶어요."

〈치즈공방 '센'〉은 한 달에 한 번인 영업일 외에 매월 하루나 이틀 정도 마켓 출점도 하고 있다. 인상적이었던 것은 "매달 총 사흘 정도 영업할 수 있다면 공방 영업일을 사흘로 늘리는 것은 어떠세요?"라고 물었을 때의 대답이었다.

"물론 못할 것도 없어요. 하지만 공방은 제게 '파는 거점'이 아니라

'만드는 거점'이에요. 차분하게 재료를 섞거나 만드는 일에 집중하기 위한 장소로 두고 싶어요. 그래서 앞으로 연구소 일을 줄이게 되더라도 점포 영업일은 월 1회 그대로 유지하려고 해요."

'겸업이어서 월 1회'인 것이 아니었다. 장인으로서 보다 좋은 것을 만들고 싶다는 자세가 낳은 '월 1회'인 것이다.

또 한 번 놀란 것은 영업일에 방문하는 손님의 수였다. 개장 초기에는 친구 몇 명뿐이었지만 2년이 지난 현재 하루 120명을 넘는 일도 있다고 한다. 독자적인 경영 스타일과 장인의 신념을 관철하고 있기에 착실하게 돌아오는 반응은 치요 씨가 집중해서 더 질 좋은 치즈를 만들 수 있도록 해준다.

타협하지 않고 수작업으로 만든 내추럴 치즈의 가격은 결코 저렴하지 않다. 하지만 가치에 딱 맞는 가격으로 판매하는 것은 앞으로 '치즈 문화'를 지역에 뿌리내리기 위해 필요한 부분이다.

"시골에서 5백 엔 이상의 상품을 파는 것은 솔직히 굉장히 어려워요. 하지만 그렇기 때문에 만드는 사람의 얼굴을 볼 수 있는 마켓에서 저의 신념을 직접 전하는 것, 그렇게 새로운 손님과 만나는 것이 중요하다고 생각해요. 얼굴을 마주할 수 있는 거리에서 손에서 손으로 건네는 것 말이지요."

　　취재를 하고 나서 며칠 후 국산 내추럴 치즈 콩쿠르인 '재팬 치즈 어워드 2016'에서 치요 씨가 만든 두 종류의 치즈가 은상과 동상을 수상했다는 소식을 접했다. 보소의 산속에서 묵묵히 치즈 만들기에 몰두하던 여성이 만든 치즈가 전국구가 된 순간이었다. 치요 씨가 걸어온 착실한 발걸음은 앞으로도 계속 이어질 것이다.

장사의 어려움은 도시나 시골이나 별반 다르지 않다 하지만 시골로 갈수록 정말로 즐겁다

'야생균으로 발효시킨 빵,
지역 맥주 & 카페',

〈다루마리タルマーリー〉

와타나베 이타루渡辺格

와타나베 마리코渡辺麻里子

와타나베 이타루 〈다루마리〉의 주인. 1971년 생, 도쿄 도 히가시야마토 시 출신. 23세 때 학자인 아버지와 일 년간 머문 헝가리에서 농업에 흥미를 갖게 되어 지바 대학 원예학부 원예경제학과에서 공부. 농산물 도매직매회사에 취직한 후 아내 마리코 씨와 만남. 31세에 제빵사의 길로. 요코하마와 도쿄의 빵집에서 약 5년간 수련 후 2008년 지바 현 이스미 시에 〈다루마리〉 개업. 2011년 동일본 대지진을 겪은 후 오카야마 현으로 이전. 다시 2016년에 돗토리 현 지주 정智頭町으로 이전. 저서 『시골빵집에서 자본론을 굽다』(고단샤, 2013년 발간)가 스테디셀러로.

와타나베 마리코 〈다루마리〉의 안주인이자 공동 경영자. 도쿄 도 세타가야 구 출신. 유소년기부터 시골 생활을 동경. 환경 문제에 위기의식을 느껴 도쿄 농공대학 농학부에서 환경사회학을 전공. 일본, 미국, 뉴질랜드의 농가와 환경교육 현장에서 연수. 식食과 농農이라는 횡단면에서부터 환경 문제를 해결해 나가려는 길을 모색. 〈다루마리〉에서는 판매, 기획, 경리, 광고, 강의 등을 담당. 또한 딸, 아들 하나씩을 둔 엄마로서 시골에서 장인적인 양육을 모색 중.

자연 속에서 야생균과 효모를 채집하는 매우 드문 방법으로 빵과 맥주를 만들어 제공하는 카페 〈다루마리〉(돗토리 현 지주 정). 그곳으로 전국은 물론 해외에서도 팬들이 찾아온다.

지금은 전국적인 지명도를 자랑하는 〈다루마리〉가 첫걸음을 내딛은 곳은 보소이스미 지역이었다. 이스미 시내에 있는 고민가를 고쳐 2008년 2월에 개업한 후 약 3년간 운영. 2011년에는 오카야마 현, 2016년에는 돗토리 현으로 이주했다. '균이 보다 잘 자라는 환경'을 찾아 점점 산속으로 들어간 것이다.

작은 빵 가게로 시작해 맥주까지 만드는 카페로 영업과 활동무대를 넓히고 있는 〈다루마리〉. 이곳이 유명해진 이후 현재까지도 취재기사가

무척 많고 나도 여러 번 취재를 하기도 했다. 그러나 이번 테마는 이스미 시에서 막 장사를 시작했던 무명 시절이다. 왜 이스미 시였을까? 여기에서 와타나베 부부는 무엇을 지향하고 어떤 날들을 보냈을까?

초기 모습에 대한 이야기를 듣기 위해 돗토리 현 지주 정에 있는 〈다루마리〉를 방문했다.

보소 지역이 익숙했다

우선은 도쿄에서 살던 두 사람이 이스미 시라는 시골 마을에서 〈다루마리〉를 개업하기까지의 경위를 듣고 싶은데요, 어떤 어려움이 있었나요?

이타루 여러 가지가 있었지요. 우선 첫걸음을 내딛기 두려운 마음도 있었고요. 하지만 떠오르는 건 부부 사이에 합의가 어려웠다는 점이네요. 두 사람 모두 같은 곳을 지향하고 있었지만 어디서 어떻게 해나갈 것인지를 합의하는 일에는 시간이 걸렸다고 할까……. 마리는 당시 스물다섯 살이었나?

마리코 아니, 아니. 모코(장녀)가 태어나고 난 후니까 스물여덟 살. 당시에는 이타루가 도쿄에 있는 빵집에서 수련 중이었고 저도 일하고 있어서 모코가 어렸을 때부터 도쿄에 있는 제 부모님 댁에서 살았어요.

부모님께 도움을 받고 있었고 아이가 좀 더 큰 후에 해도 되지 않을까 하고 저는 생각했거든요. 하지만 우리는 나이 차가 많이 나니까.

이타루 그래, 그래, 내가 그때 이미 서른다섯 살이었지.

마리코 그래서 지금 하지 않으면 체력적으로도 힘들고 마흔 살에는 궤도에 오르고 싶으니까 당장 시작해야 해!라고 남편이 말하더군요. 그러면서 만약 지금 시골로 이주하지 않으면 도쿄에 매장을 내겠다는 거예요. 하지만 도쿄에서는 제가 하고 싶지 않았어요. 시골에서 '농農'과 함께 가게와 생활을 꾸리고 싶었거든요. 그러니까 그 당시 직장에 다닌 건 굳이 표현하자면 어쩔 수 없이 했던 거죠.

일단 가게를 낼 장소로 이스미 시를 선택한 이유는요?

이타루 저는 대학 시절 미나미보소 시에 있는 유기농가 마을을 매달 다녀서 지바의 보소 지역에는 매우 익숙했어요. 그리고 마리도 가쓰우라 시(이스미 시 옆 마을)에 할아버지 별장이 있었기에 어렸을 때부터 보소와 인연이 깊었지요. 그래서 시골 어딘가에서 빵집을 하고자 했을 때 서로 일치한 곳이 보소 지역이었어요.

마리코 처음에 이타루는 아버지가 계시는 후쿠시마에서 하고 싶다고 말했어요.

이타루 아이즈会津 지역이었지. 하지만 한 번 데려가니까 마리가 좀 더 생각하고 싶다고 하더군요.

마리코 저는 그때까지 도쿄와 지바밖에 몰랐기 때문에 그곳에서 사는 모습이 그려지지 않기도 했고 아이즈에서 장사하게 되면 손님은 어디에서 와줄까 하는 불안감도 있었어요. 지바의 경우 도쿄 사람들은 맛있는 가게가 있다는 걸 알면 두 시간 정도는 아무렇지 않게 운전해서 오지 않을까, 싶었거든요. 그래서 결국 보소에서 하자고 결정했는데 도쿄에서 살면서 점포를 알아보는 건 무리였기 때문에 일단 이스미 시에 오두막 같은 집을 빌려 이사했지요.

이스미 시에서 점포를 찾기 위해 빌린 임시 거처 같은 건가요?

마리코　네. 2007년 봄에 둘 다 일을 그만두고 이스미 시에서 매장으로 사용하기 위한 고민가를 찾아다녔어요. 유명하지 않은 우리가 장사를 궤도에 올려놓기 위해서는 명소의 힘을 빌려야겠다 싶어서 〈브라운즈 필드〉와 오타키 정에 있는 〈허브 아일랜드〉(현재 〈오타키 허브가든〉), 온주쿠 정(이스미 시 옆 마을)에 있는 메밀국수 가게 〈고시치ŧヒ〉라는 유명한 세 군데를 지도에 표시하고 선을 그은 후에 그 삼각형 안에서 건물을 찾아보기 시작했지요. 그러다가 우연히 〈브라운즈 필드〉 바로 옆에 빈 고민가가 나왔어요. 그게, 정말 위험한 건물이었지만요.(웃음)

이타루　그랬지, 그랬지, 진짜 엄청났지. 전체가 다 대나무 수풀에 뒤덮여 숲에 잠식되어 있었어요. 그래서 대나무를 잘라내니 건물 두 개가 보였지요. 경지는 5백 평이었는데 그렇게까지 밀림이 되면 안쪽이 보이지 않거든요. 건물이 드러날 때마다 깜짝 놀라곤 했죠.

〈다루마리〉의 밑바닥 시절

직접 대나무 수풀을 잘라 정리하고 고민가를 고쳤다는 건가요?

마리코   그렇죠. 하지만 목수 일도 익숙하지 않았고, 거의 반쯤은 미치겠더라고요.

이타루   돈이 없으니까 실은 전문가에게 맡겨야 할 곳까지 직접 해버려서.(웃음) 거의 맨손으로 이사를 와서 작은 오두막에 살며 점포를 고치고 오두막에서 빵을 만들어 〈브라운즈 필드〉 카페에 일주일에 한 번씩 놓고 팔았어요.

마리코   고타쓰(일본식 온열기구)를 테이블로 두고 정좌로 앉아서 빵 성형을 하고 전기 오븐에서 열심히 구웠지요.

이타루   2만 엔에 산 샤프 전기오븐으로 말이지.

마리코   정말 후끈해지죠. 오두막집이니까. 여름에는 더 심하고요. 하지만 방이 두 개밖에 없는데 이타루는 아침 일찍부터 소형 제분기도 동시에 돌리고 말이죠. 모코도 나도 자고 있는데…….

이타루   아침 5시부터 윙윙거렸죠. 제분에는 공들이고 싶었거든요. 그렇게 해나가는 사이에 〈브라운즈 필드〉의 데코 씨가 신경을 써주셨어요.

진심이 전해진 거네요.

이타루   뭐 그냥 외골수였어요. 하지만 그때를 떠올리면 즐거워요. 그런 시기가 2개월 정도 지속되던 2007년 7월경이었어요. 미스터 칠드런(일

본 가수)이 출연하는 시즈오카 현 쓰마고이つま恋 리조트에서 열리는 'ap 뱅크 페스티벌'에 〈브라운즈 필드〉, 〈데라다본가寺田本家〉(지바 현 가토리 시에 있는 자연주 양조장), 지바 시에 있는 카페와 〈다루마리〉가 함께 출점하지 않겠느냐는 권유를 받았어요. 그래서 둘이서 고타쓰를 에워싸고 성형해서 빵 3백 개를 딱딱하게 구운 후에 자, 이제 벌러 가자!며 결심을 다지고 출발했는데 태풍이 왔어요. (※ 'ap 뱅크 페스티벌 07'은 태풍의 엄습으로 첫날을 포함해 이틀 동안 더 열리고 중지. 최종적으로 사흘만 열렸다.)

마리코 빵이 전부 눅눅해졌지요.

이타루 결국 다섯 개 정도밖에 못 팔았어요. 그래서 사흘이나 빗속에 있으면 건강에 안 좋을 것 같은데 시즈오카가 교토랑 가깝지요?라면서 알 수 없는 핑계를 대고는 모두 교토까지 차로 달렸지요. 나카지(なかじ, 발효와 생활 연구가. 당시는 〈데라다본가〉 직원)의 부모님 댁이 교토에 있었거든요. 밤 11시에 밀고 들어가 하룻밤 묵었어요. 데라다 씨가 가져온 일본 술을 다 함께 아침까지 쓰러질 정도로 마시고 술에 취한 채로 지바까지 돌아갔지요.(웃음)

다들 엉망진창이었지만 일주일 정도 함께 지낸 덕분에 데라다 씨를 비롯해 그의 주변 사람들까지 완전히 친해졌어요. 정상적으로 페스티벌에 출점하는 것보다 더 재미있었어요.

그 후에는 드디어 매장을 오픈했나요?

이타루 네. 하지만 제가 만드는 빵, 맛있지도 않았고…… 당시에는 자신이 없었어요. 이런 상태로 가게를 오픈해도 되는 걸까 고민하면서 말이죠. 빵에 관해서는 정말로 아무것도 몰랐어요.

어떡해서든 해나갈 자신이 있었다

빵 가게를 개업하는 데 필요한 자금은요?

이타루 가게를 열기 위해 5백만 엔은 모아뒀어요. 결혼하고 둘이서 5년간 일하면서 매월 10만 엔씩 저축했거든요. 신혼 초부터 우리 둘 다 이발소도 미용실도 가지 않고 직접 자르거나 바리캉으로 다 밀어버리거나 했지요. 옷도 사지 않고. 재미있는 점은 돈을 모아서 개업하면 기본적으로 구두쇠가 돼버린다는 거죠. 우리 자동차도 '옥상녹화'*로 불렀어요. 지붕에 이끼가 자라고 있었거든요.

마리코 그건 단순히 세차를 안 해서 그런 거잖아…….

이타루 사용한 돈은 고민가 개축 일부를 목수에게 부탁해 70만 엔, 제빵용 오븐 230만 엔에다 믹서 등 빵을 만드는 데 필요한 최소한의 기자재를 포함해서 70만 엔 등 총 370만 엔이었어요. 남은 130만 엔은 직접 고친 수도 배관, 전기 배선, 회반죽, 주차장 정비 등에 사용했고요.

● 옥상녹화屋上緑化란 건축물의 단열성이나 경관의 향상 등을 위해 지붕이나 옥상에 식물을 심어 녹화하는 것을 말한다.

그러다 보니 모아놓은 5백만 엔이 초기 투자금과 개업 준비하는 동안의 생활비로 몽땅 나갔지요.

마리코 그렇게 조금씩 해나가면서 드디어 빵 가게를 오픈했죠. 빵을 팔고 돈을 받는데 와, 해냈다!라는 기분이 들었어요. 게다가 우리 가게니까. 너무 기뻐서 지금도 여전히 믿기지 않을 때가 있어요.

이타루 실제로 시작한 후 일 년 동안 수지는 그저 그랬지만 우선 부모님께 은혜를 갚고 싶어서 양가 부모님을 초대해 온천여행도 갔어요. 하지만 당시 저는 제가 만든 빵이 팔리고 있다는 실감은 안 났어요. 실은 옆에 있는 〈브라운즈 필드〉 덕분이었다고 생각해요.

인구가 적은 시골에서 빵 가게를 해나갈 수 있을까라는 걱정은 없었나요?

마리코 저는 처음부터 해나갈 수 있을 거라는 묘한 자신감이 있었어요. 도쿄에 있는 자연식품 매장에도 납품하고 있었고 인터넷 판매도 하고 있었으니까요. 직접 오는 손님이 적더라도 '납품'이라는 수단으로 어찌어찌 먹고살 수는 있겠지 생각했어요.

이타루 납품은 무척 큰 부분이었지. 자연식품 매장인 〈GAIA〉나 〈내추럴 하모니〉가 주요 매장이었죠. 일 년째부터 적자가 생기지 않은 건 주위 사람들 덕분이기도 하고 운도 좋았어요.

그리고 역시 상권을 넓혀야겠다고 마리는 생각하고 있었죠. '마을에서 사랑받는 지역 밀착형 가게'로 만족하는 게 아니라 상권을 넓혀서 많은 사람들에게 알리고자 했어요.

마리코 개업 전부터 블로그를 쓰고 홈페이지도 만들면서 인터넷 소통은 의식적으로 계속하고 있었어요. 이곳(돗토리 현 지주 정)에도 그야말로 차로 두세 시간 걸려 관서지방에서 오는 손님들이 있어요. 이 장소에서만 먹을 수 있는 것을 만든다는 정보를 블로그에 자주 올려서 '여기 가보고 싶다'라고 생각하게 만든다면 멀리서도 와주는 손님이 있지 않을까 하고 처음부터 생각하고 있었지요. 초기에는 인터넷 판매 매상이 마음을 든든하게 해줬어요. 지금은 그 덕분에 일부러 방문해주는 손님만으로도 운영할 수 있게 되었지요.

타인의 에너지가 강한 장소가 좋다

이타루 당시에는 역시 나카지마 데코中島デコ 씨의 존재가 가장 컸어요. 데코 씨는 요리교실과 요리책에서 계속 우리 빵을 사용해줬고 "근처에 맛있는 빵 가게가 생겼어요"라고 입소문도 내주셨어요. 덕분에 자연주의파와 매크로바이오틱 계열 사람들에게 널리 알려졌지요. 데코 씨의 지인 중에는 연예인도 많은데 이번에는 그들이 블로그에 올려줘서 텔레비전 취재도 들어왔어요.

에너지가 강한 장소 근처에 가게를 낸다는 것은 시골에서 장사하는 데 매우 중요한 논리라고 생각해요. 이 근처라면 오카야마 현의 니시아와쿠라 촌西粟倉村(세계적으로 널리 알려진 산림업 브랜드를 갖고 있다) 같은 곳이죠. 여기 지주 정도 그렇고요.(지주 정에 있는 〈숲 유치원 마루탄보まるたんぼう〉의 인기로 젊은 이주자가 증가)

그런 점에서 이스미 시는 유명하지 않았던 초창기 시절의 우리에게 매우 좋은 장소였어요. 실력도 없고 앞으로 어떻게 해야 살아갈 수 있을지 고민하던 때, 정말로 마을의 에너지가 도움이 되었죠. 그리고 '식食'이라는 본질적인 의미에서는 이스미에서 다나하라 씨와 만난 게 커요. 말하자면 '형님' 같은 분이에요.

자연재배 농가를 운영하는 다나하라 리키棚原力 씨 말씀이죠?

마리코   네. 다나하라 씨가 종종 가게에 오셨는데 어느 날 "밀 재배해요, 저"라고 말했어요.

이타루   다나하라 씨가 넘겨준 밀을 맷돌로 갈았을 때 우선 깜짝 놀랐던 건 정말 향이 좋고 발효력이 색달랐다는 거예요. 당시에 밀가루는 다른 유기농가에서 매입하고 있었는데 그것과는 전혀 달랐어요. 그때 저는 유기재배와 자연재배를 확실히 구별하지 못하는 상태이기도 했고요.

마리코   그러던 중에 다나하라 씨가 '내추럴 하모니' 대표 가와나河名 씨와 함께 방문해주셨어요. 초기 〈다루마리〉의 콘셉트는 '국산 밀가루와 천연효모'였지만 이 천연효모라는 개념에서 효모만 주목했기에 쌀누

룩은 다른 곳에서 사다 썼어요. 그러자 가와나 씨가 "누룩균은 천연이 아니네요? 우리는 쌀누룩을 사용한 빵은 취급하지 않아요"라고 말했어요. 천연균? 그게 뭐지? 싶었어요. 그래서 자연재배와 천연균에 파고들게 된 거죠. 그러니까 다나하라 씨와의 만남이 없었다면 '지금'은 없었을 거예요.

이타루　맞아, 없었을 거야.

시골에서 본격적으로 사업을 하다

이타루 씨는 저서에 "시골은 만만치 않다. 여유롭게 생활할 수 있는 장소가 아니다"라고 쓰셨지요?

이타루　무엇이 최종 목표인지에 따라 다를 테지만 적어도 우리에겐 '가족이 건강하고 함께하는 시간을 많이 갖고 즐겁게 생활하는 것'은 당연한 기반이지 목표가 아니에요. 그런데 이걸 목적으로 시골 생활을 시작하는 사람이 꽤 많은 것 같아요. 가족을 희생시키면서까지 악착같이 일하고 싶지 않아서 회사를 그만두고 도시에서 시골로 이주하는 사람. 하지만 우리는 정확히 말해서 장사를 하기 위해 다소 아이들을 희생시키고 있지요.

마리코　희생이라……. 그렇죠. 예를 들어 가게를 하는 사람이 일요일을 정기휴일로 두는 경우는 많을 거예요. 학교도 휴일이고 보육원에도 맡

길 수 없고. 우리도 그 점이 계속 딜레마였어요. 그렇지만 우리는 제대로 된 사업을 하고 싶었어요. 일요일은 손님도 많이 오시고요.

이타루 중요한 점은 아이들에게 부채의식을 갖지 않는 거예요. "좋은 경험이 될 거야"라고 상정한 후 아이들에게 그것을 전달하는 거죠. 부모님이 일하는 것을 가까이서 본다는 건 저도 마리도 해보지 못한 경험이었죠.

마리코 저는 '아빠는 어떻게 돈을 버는 걸까?'라는 어렴풋한 의문을 품은 채 이십 대가 되어버렸기 때문에 그 후 무척 고생했어요. 어떻게 살아야 할지 몰라서요. 그래서 우선 일을 중심에 두고자 했어요. 외골수로 일하던 부모님의 모습을 저에게서도 볼 수 있도록 말이죠.

'도시라서, 시골이라서'라는 이야기는 아닌 거네요.

이타루 시골은 사업을 시작하기엔 도시보다 쉽지만 지속할 수 있을지 여부는 별개 문제예요. 그래서 시골에서 독립할 경우 지속하기 위한 노력이 필요하지요. 도시에서 고용되어 살아가기 위해 필요한 것은 노력보다 참을성이겠지만요. 그래서 어느 쪽이나 비슷비슷하지만 어디가 자기에게 더 잘 맞는지 생각해서 결정해야 할 것 같아요.

시골에서 일하기, 일하는 즐거움은 어떤 걸까요?

마리코 손님이 우연히 지나다가 들른 게 아니라 '이곳을 목적으로 와주신 사람뿐'이라는 점일까요? 여기에 〈다루마리〉가 있기에 걸음을 해주신다는 점, 하나하나 전부 기적이에요. 그런 생각으로 매일 감사하며 장사하고 있어요.

이타루 네, 그렇기 때문에 만족하시도록 퀄리티를 점점 높여야 해서 힘든 면도 있지만요. 그리고 시골에 매장을 갖고 있으면 '비교대상'에서 제외될 수 있어요. 인터넷 회사는 동종업계 회사들끼리 비교되는 일이 숙명이지만 시골로 갈수록 다른 가게와 비교되는 일이 없어졌어요.

진지하게 말하면 이 비교대상이 자본주의의 본질이에요. 이걸로 인해 경쟁이 일어나고 풍부해지는 한편 언제까지나 괴로워요. 이 괴로움에서 벗어나려면 자연에서 얻을 수 있는 것을 활용해서 '여기에서만 할 수 있는 일'을 창조해 나가야 해요. 이게 가능해진 후에야 우리도 자유로워졌어요. 지금은 정말로 '즐거운 삶의 방식'으로 살고 있다고 생각해요.

마리코 또 하나는 관계성 속에서 빵을 만들 수 있다는 거예요. 안면을 트고 지내는 근처 농가가 키운 재료라는 것도 느낄 수 있고 물조차도 숲이 만들어주는 거잖아요. 그래서 "둘이서만 만들었어요"라고 할 수 없는 거죠. 다 함께 만들어서 이렇게 되었다고 느끼는 건 참으로 가슴 벅찬 일이에요.

이타루 분명한 점은 시골로 깊숙이 들어가면 들어갈수록 힘들어지지만 재미있다는 거예요. 뭐 아무튼 고민하는 시간은 아까워요. 스스로 지금 '노력하고 있는지, 참고 있는지'라는 기준 속에서 참고 있다고 느낀다면 (조직을, 도시를) 벗어나는 게 좋아요. 다만 그렇게 시골로 들어와도 결국 참아야만 할 때도 있고 비교될 때도 있어요. 하지만 거기에서 자신이 하고자 하는 본질적인 것을 점점 추구해 나가면 어느 순간 '괴짜'라고 낙인이 찍혀서 무척 편해진답니다.(웃음)

'Face to Face'로
장사하는 일은 굉장하다

고객을 한정해서 관계성을 키우는 작은 장사

도시든 지방이든 일하기를 빼놓고 '생활'을 생각하기는 힘들다(경제적인 의미에서도 보람이라는 의미에서도). 우리들은 하루 대부분을 일하는 데 소비하고 있고 그런 날들이 일주일, 일 개월, 일 년씩 쌓이면서 마지못해 일하는 삶의 형태가 이어진다.

"오프타임이야말로 진짜 나 자신으로 돌아가는 시간이므로 일적인 부분에서 만족을 추구하지는 않는다"고 말하는 사람일지라도 깨어 있는 대부분의 시간을 차지하는 온타임의 내용이 실생활, 수입, 인간관계, 사고 면에 큰 영향을 끼친다. 그렇기에 일하기란 어느 시대나 사람들의 중요 관심사로 존재해왔다. '어디에서 누구와 무엇을 하며 일할 것인가.' 이 질문은 취업활동을 하는 사람들에게만 해당되는 것이 아니다. 사회라는 조직의 일원이 되어도 회사를 박차고 나와 프리랜서가 되어도 이 물음은 계속

된다.

　"인생의 만족도는 풍부한 인간관계를 쌓았는지 여부에 좌우된다"는 연구 결과도 있다고 한다. 풍부한 인간관계란 사람과의 관계가 다양하고 깊은 것을 말한다. 고객을 한정하는 작은 장사는 이런 면에서도 매우 훌륭하다.

　인터뷰에 응한 작은 장사 실천가들은 실점포를 갖고 있지 않고 인터넷 판매도 하지 않는 사람이 많았다. 그래서 그 상품을 원하는 손님은 마켓 등지에 일부러 와서 그들로부터 직접 물건을 사야 한다. 마켓에 발걸음을 할 수 있는 사람은 한정되기에 이 관점에서 보면 고객층은 상당히 좁혀진다. 원하는 물건이라면 어떤 것도 손에 넣을 수 있는 시대라지만 손에 넣는 과정이 반드시 쉬운 것은 아니다.

　핸드메이드 구두장인 오다카 씨는 "구두 갤러리에서 전시와 판매를 하는 이유는 구두 만들기 교실에 와주길 바라서"라고 말하고, 액세서리를 만드는 세키타 씨는 "컴퓨터 화면으로는 상품의 색감이나 촉감이 전해지지 않기 때문에" 인터넷 판매를 하지 않는다고 한다.

　쌀을 테마로 티셔츠를 만드는 오바타 씨의 경우도 무척 흥미롭다. 인터넷 판매를 하고 있지만 "뜻이 있는 사람이 취급해줬으면 해서 쌀가게 등 먹거리와 관련된 매장만"으로 파는 곳을 한정하고 있다는 것이다.

사는 사람과 파는 사람을 한정한다는 것은 요컨대 인간관계를 디자인하는 것이다. 인터넷 판매까지 광범위하게 운영하는 편이 매상을 더 올릴 가능성은 높다. 그러나 그것을 일부러 삼가고 작은 경제 권역 내에서 장사를 꾸리는 이유는 그렇게 해서만 얻을 수 있는 메리트가 있기 때문이다. 인터넷을 사용한 '어디서나 가능한' 장사보다도 Face to Face로 '여기에서만 가능한' 장사. 그들은 대면식 판매를 주로 하기에 손님과 동료와의 결속이 더 끈끈하고 그래서 경제적으로도 확실히 자립하고 있다.

'이 장소'에만 있는 상품 가치

어떤 기획 판매의 달인이 말했다.

"아무리 상품이 매력적이라도 손님과 접점이 좋지 않으면 그 매력이 전해지지 않아서 팔리지 않아요. 무엇보다 손님의 마음을 사로잡을 수 있는 힘이 필요합니다."

어떤 유명한 만담가는 말했다.

"작품은 개인의 인격을 이길 수 없습니다. 알 수 없는 부분까지 포함해서 완전히 속속들이 드러나는 연기자의 인간성이야말로 현대의 예능일지 모릅니다."

대면식 작은 장사는 실제 공간에서 적극적으로 손님과 좋은 접점을 만들고 자신의 인격을 속속들이 드러내며 하는 장사다.

거기에는 어려운 점도 있지만 얼굴을 마주하는 횟수가 늘어날수록 손님은 친근감을 느끼며 응원해준다. 이 관계를 인터넷 판매라는 접점만으로 만들어내는 것은 어렵다. 상품의 좋고 나쁨만을 비교해서 거래하는 인터넷 상거래 공간과 대면식 작은 장사는 질적으로 크게 다른 장사라는 것을 알 수 있다.

요즘에는 지방에서 만든 상품을 팔기 위해 스토리와 디자인을 보강해서 가치를 높이는 판매 방식이 늘고 있다. 그 물건들은 매우 매력적으로 보인다. 그런데 만약 모든 상품이 '질 좋고, 스토리 좋고, 포장 좋고'라는 조건이라면 이 외에 어떤 수단으로 차별화를 꾀해야 할까?

아마도 상품을 가치 있게 만든 다음 다른 이들이 따라할 수 없는 판매 방식을 찾아내야 할 것이다. 그 경우에도 고객을 한정하는 장사 방법은 유효할 것이다. 상품 가치는 스토리와 디자인뿐만 아니라 '그 장소에 가야만 손에 넣을 수 있다'는 희소성으로도 높일 수 있다. 상처가 나기 쉬워서 납품하기 어렵다는 이유로 현지 마을에서만 파는 과일이나 소량 생산으로 지역 한정으로만 판매하는 지역 술 등에 사람들이 매력을 느끼는 것처럼 말이다.

2장

작은 장사와
마켓 컬처

마켓에 모인 팬과 재구매자들, 마켓을 만드는 사람들, 타지 사람을 받아들이는 토양······. 보소이스미 지역에서 작은 장사를 유지할 수 있는 토대는 사람의 마음을 끌어당겨 서로를 이어주는 계기가 되는 마켓 컬처다.

마켓을 등용문으로 본격적인 경영자가 많아지는 것, 그것이 지역 경제를 돌아가게 한다

'내추럴 라이프 마켓ナチュラルライフマーケット'
(2007년 12월~2010년 4월)
와타나베 이타루
와타나베 마리코

프로필은 124쪽

내가 보소이스미 지역에서 놀란 것 중 하나는 수많은 마켓이 빈번하게 개최된다는 사실이었다. 왜 여기가 그런 장소가 된 것일까? 시초를 찾아 올라가니 원류는 2007년에 시작된 '내추럴 라이프 마켓'에 있었다.

2010년 제5회까지 이어진 내추럴 라이프 마켓은 재료는 물론 모든 것을 지역산과 수작업으로 만든다는 큰 테마를 내건 마켓. 그 중심에 있던 이들이 당시 이스미 시내에 자신들의 첫 매장을 연 빵 가게 〈다루마리〉의 와타나베 이타루 씨와 마리코 씨 부부였다. 바쁘게 가게를 꾸리면서도 지금은 전설이 된 대규모 마켓을 지속적으로 개최한 이유는 무엇이었을까?

와타나베 씨 부부는 이 마켓이 보소이스미 지역에 끼친 파급 효과는 물론 작은 장사에서 마켓이란 어떤 의미인지에 대해서도 이야기를 들려준다.

로컬의 먹거리 문화를 끌어올리기 위해 무척 깐깐했던 마켓

이타루 마켓 설립에 관여하게 된 것은…… 한마디로 말하자면 직감이에 요. 지인의 소개로 알게 된 이주자 동료들과 "해봅시다!"라고 의기투 합한 거죠. 하지만 준비를 하는 중에 생각이 다르다는 게 드러나기 시작했고…….

마리코 동료들이 생각한 것은 좀 더 조촐한 규모였지요.

이타루 맞아요. 하지만 저는 처음부터 5백 명 정도는 손님이 올 수 있어야 의미가 있다고 생각했기에 "내게 맡기지 않겠습니까?"라고 말했어 요. 그리고 개최를 불과 일주일 남기고 개최장부터 콘셉트까지 전부 바꿔버렸어요. 그래서 미움을 받았지만요……. 그렇지만 결국 1회 때 부터 주차장은 만차에 모인 손님이 적어도 5백 명은 넘었을 거예요. 2회째는 개최장을 또 바꿨는데 그때는 모인 손님이 천3백 명을 넘었 고 마지막 5회째는 운동공원(이스미 시 문화와 스포츠 숲)을 개최장으로 정했는데 출점 수가 약 백 개 정도, 손님은 5천여 명에 달했어요.

출점이 백 개!? 놀랍네요. 어디에서 그렇게 참가했나요?

이타루 대부분이 지바 현이었지만 자연재배와 무농약 채소 택배회사 '내 추럴 하모니'와도 협력해서 타 지역 사람도 왔지요. 당시 인맥을 총동 원해서 공개 좌담회도 열었어요.

상당히 대규모로 치른 거네요. 4년이나 지속한 이유는요?

이타루 손님이 많이 모인 데에는 3회째부터 콘셉트를 확실히 정한 영향이 컸어요. 출점하는 가게에 대해 "조미료와 기름을 보다 좋은 것으로 바꾸면 더 맛있어지는데"라는 공감의식은 나카지마 데코 씨 쪽에도 있었는데, 원가가 비싸지니까 일반적으로 다들 안 하더라고요. 그럼 실제로 해보면 어떨까? 하루라도 체험하게 해보면? 하는 아이디어가 나왔고, 사용하는 원료에 대한 자세한 기준을 마리코가 내놓았어요. 출점자 전원이 사용하고 있는 소재를 조미료까지 전부 보고하게 했는데, 예를 들면 해산물이라면 양식은 불가, 소금도 정제된 소금은 아웃, 이런 식으로요. 그렇게 하면 환경과 몸에 좋은 재료를 사용하려는 의식이 보다 높아질 테고 더욱 맛있어진다는 걸 안다면 보소 지역의 먹거리 분야를 밑에서부터 끌어올릴 수 있겠지 싶어서 지속했어요.

마리코 저는 할아버지 별장이 있는 옆 마을 가쓰우라에서 열리는 아침시장에 어릴 적부터 다니곤 해서 마켓 자체에는 익숙했어요. 하지만 제 경험으로 보자면 가쓰우라의 아침시장인데 동북지역 산리쿠三陸 해안의 미역을 파는 것이 왠지 무척 안타까웠어요. 그런데 책에서 읽은 미국의 파머스 마켓은 농산물이라면 직접 만든 것, 가공품은 반경 몇 킬로미터 이내에서 채집한 원료만을 사용하는 등 확실한 기준을 정하고 있었어요. "이 마켓은 원료는 지역산만 쓰고 조미료도 특별하고 게다가 맛있기까지 해"라는 신뢰를 얻는다면 안심할 수 있고 참가하는 것도 즐거워지겠죠. 그런 마켓을 직접 만들어보고 싶었어요. 더

불어 보소이스미 지역이 갖고 있
는 자원의 가치를 끌어내는 가게
가 많아지면 즐겁겠지, 즐거우면
손님도 늘어나겠지라고 생각했죠.
또 손님이 늘어나서 팔린다는 걸
실감하면 사람들이 움직일 거라고
믿었던 거예요. 그래서 결국 질주
해버렸지만요…….

마지막이 된 제5회 내추럴 라이프 마켓 전단지.

이타루　마지막 회차에는 '배합사료를 사
용한 축산물은 No' 식으로요. 그
러자 예를 들어 달걀을 사용할 수
있는 곳은 자연재배 농가 다나하라 씨 것 정도뿐이었죠. 지역의 중진
급 가게까지도 아웃이 되는 거예요.

마리코　공지한 조미료를 보고, 이건 어떨까 싶어 전부 내력을 체크해요. 그
래서 'ㅇㅇ 소금'은 안 된다고 말하면 "왜 안 됩니까?"라는 질문을 받
기 때문에 그 소금의 제조 과정부터 설명하거나 했죠.

이타루　정말로 점점 질주해버렸어요. 하지만 그 덕분에 나 자신도 원료를
보는 눈을 기를 수 있었죠. 출점자들이 사용한 조미료에 '이런 것도
들어가 있구나'라는 걸 알게 되면서 큰 공부를 했지요.

마리코　프로 의식도 높아졌고요. 보통 영업을 하루 쉬더라도 출점해줬으
면 하는 레스토랑에 권유하니까, 그들이 가게를 쉰 만큼의 매상을 올

릴 수 있도록 손님을 모아야 한다고 생각했어요. 우리도 진심으로 해야만 좋은 출점자를 부를 수 있고요.

이타루　부담이 정말 컸어요. 마지막에는 아무도 함께하지 않게 되어서 둘이서 이벤트를 책임져야 했고 결국 해산…… 거기서 멈췄지요.

마켓을 기반으로 '경영자'를 늘리고 싶었다

이타루　마켓을 지속하는 동안 깨달은 건 일 년에 한두 번 열리는 축제로는 지역을 일으킬 수 없다는 거예요. 결국 필요한 건 일상성이지요. 다양한 사람들이 마켓에 출점하는 데에서 그치는 게 아니라 점포를 꾸리고 제대로 사업을 해나가는 것, 자신만의 판매력으로 해나갈 수 있는 사람이 많아지는 것이 중요하다는 거죠.

　마켓 이름뿐만 아니라 자신의 이름으로 팔 수 있는 사람을 말하는 건가요?

이타루　네. 당시 우리는 보소이스미 지역을 디즈니랜드처럼, 여기저기 매력적인 놀이기구 같은 가게가 일상적으로 존재하는 상황으로 만들고 싶었어요.

마리코　그걸 위해서 '진심인 사람'을 늘리고 싶었지요.

이타루　돈을 쓰는 걸 '투자'로 바라보는 경영 감각을 가진 사람의 경우 원료도 필요하다면 비싸더라도 좋은 것을 지역의 아는 이로부터 사지요. 그렇게 서로 돈을 사용하면 지역 경제가 돌아갈 수 있어요.

마리코　마켓은 등용문으로는 최적이에요. 하지만 거기에서 손님이 붙어나 브랜드의 힘도 올라가면 매장을 내는 편이 재미있고 지역성을 활용해서 할 수 있는 일이 많아져요. 우리가 꾸렸던 내추럴 라이프 마켓에 대한 이미지는 '각각의 장소에서 일상적으로 노력하고 있는 사람들이 한날한시에 모여 함께 여는 축제'였어요. 출점자가 마음에 든 손님이 다음에는 그의 고정점포를 찾아가는 식으로요. 하지만 개최 횟수가 적어서인지 실제로 마켓에서 고정점포로 이어지는 일은 좀처럼 없었어요.

이타루　마켓은 목적이 아니라 '기반'으로만 삼을 필요가 있는 것 같아요. 그리고 마켓을 졸업한 사람들이 자신의 개성을 체현할 수 있는 점포를 지역에서 일구는 것, 그런 예가 늘어난다면 로컬은 매우 재미있어질 거예요.

하지 않으면 모르니까 떠오른다면 즉시, 행동!

마리코　결국 우리가 마켓을 통해 제일 많이 배웠어요. 지금 생각하면 좀 더 부드러운 방식이 있었을 것 같아요. "이게 아니면 안 돼!"라는 식으로 너무 예민했어요. 하지만 해봤기 때문에 "우리는 우리의 사업을 위해 노력하자"고 빨리 결정했죠. 누군가가 해주지 않을까, 지역이 더

"마켓을 만들었기에 많은 사람들이 지역에 방문한 것도 사실. 거기에서 더 나아가 '일상'으로 이어졌다면 더욱 좋았을 것이다."

발전하지 않을까라고 바라지 않고 상품에 심혈을 기울이는 것으로 주변과의 관계를 만들어 가자고 말이죠. 우리가 빵을 많이 팔면 원료인 밀가루 만드는 농가에 더 많은 돈을 지불할 수 있어요. 그렇게 사업의 본질을 향해 나아가는 것이 중요하다는 걸 마켓을 꾸려봤기 때문에 명확히 알게 되었죠.

이타루 아무래도 그렇죠. 전하고 싶은 것은 '직감, 즉시, 행동'이에요. 이론은 나중에 붙여도 되니까 일단 행동해야 해요. 이론적으로 안전한 다리를 건너려는 짓은 하지 말고 이거다!라는 생각이 들면 바로 행동했으면 좋겠어요. 잘 될지 안 될지는 어떤 경우라도 비슷비슷하니까요.

책(이타루 씨가 쓴 『시골빵집에서 자본론을 굽다』)을 읽었다면 읽기를 마친 순간에 "자, 나도 한번 해보자!"라고 결심하는 사람을 저는 만나고 싶어요.

무조건 잘 되는 일이란 건 이 세상에 없어요. 하지만 적어도 행동한다면 에너지가 생기고 주위 사람들을 끌어들이는 힘도 확실히 붙어요.

마리코   마켓 출점만으로 살아도 나쁘지 않다고 생각하는 사람도 있겠지요. 아무튼 도시를 벗어나면 엄청 무서울 거라고 생각하겠지만 결심이 서면 실행했으면 좋겠어요. 그러는 편이 인생이 즐겁지 않을까요?

출점자와 손님을 잇는 실이 엮여
마켓 문화라는 훌륭한 직물을 만든다

'보소 스타 마켓
房総スターマーケット'
(2011년 11월~2015년 11월)
미즈노 순야 水野俊弥

보소 스타 마켓 실행위원. 2006년 아내와 아이 한 명을 데리고 도쿄에서 이스미 군 오타키 정으로 이주. 2007년부터 '내추럴 라이프 마켓'의 운영에 참가했고, 2010년 자신의 커피 전문점 〈바이센고보 허그(HUG)焙煎香房 抱〉를 오픈. 2011년에 '보소 스타 마켓'을 일으켰다.

커피 전문점을 경영하는 미즈노 씨는 보소이스미 지역의 '마켓 여명기'를 알고 있는 마켓 프로듀서이기도 하다. 당시 마켓 문화의 발단이 된 '내추럴 라이프 마켓'의 운영에 참여했고 동일본 대지진을 겪은 후에 다시 일으킨 '보소 스타 마켓'을 매번 천5백 명 정도의 손님이 참가하는 대 이벤트로 키웠다. 지역 마켓 문화를 견인해온 미즈노 씨가 생각하는 마켓이 지역에 기여하는 역할과 앞으로의 바람직한 모습은 무엇일까?

가게가 모이면 손님도 모인다

미즈노 씨의 가게 〈바이센고보 허그(HUG)〉는 보소이스미 지역에서도 상당히

산 쪽에 가까운 오타키 정에 있는데요, 처음부터 시골에서 커피 전문점을 하려고 했던 건가요?

아니에요. 계속 도쿄에서 살아와서 도내에서 점포를 열고 싶었지요. 하지만 도쿄는 경쟁이 심하고 땅값도 월세도 비싸잖아요. 현실적으로 어려우니까 포기했죠. 도쿄에서는 작은 건물을 빌려 커피를 로스팅해서 판매했는데 로스팅할 때 나오는 연기가 문제가 되어서 시골로 이주하기로 결정했어요. 다른 일을 하면서도 원두 로스팅은 어떡하든 지속하고 싶었거든요.

그래서 초기에는 가게를 열 생각은 없었고 주로 도내에 사는 손님에게 직접 주문을 받아 커피 원두를 로스팅해서 발송했어요.

미즈노 씨가 이주한 2006년 당시 소위 마켓이란 건 없었나요?

없었어요. 지자체가 주최하는 페어나 상공회의소와 관련한 것은 있었지만 지금 개최되고 있는 마켓과는 전혀 달랐죠. 그런데 그때 지인에게 이벤트를 함께 해보자는 권유를 받았어요. 그게 이후에 생긴 '내추럴 라이프 마켓'이에요. 발기인은 매크로바이오틱 요리가이자 〈브라운즈 필드〉를 운영하는 나카지마 데코 씨, 천연균 빵 가게 〈다루마리〉의 와타나베 씨 부부, 지금도 여러 마켓을 주최하는 이치바 아키코市場明子 씨, 그리고 유기농가를 하는 사람 등 다섯 명 정도였어요.

마켓을 개최한 이유는 멤버들 나름대로 갖고 있었다고 생각해요. 데코 씨는 〈브라운즈 필드〉에 카페를 막 오픈한 참이었고 다른 멤버도 자신이 만든 상품을 판매하기 위해 고생하고 있었기에 다 함께 모여서 지역을

활기차게 하고 다양한 상품을 팔아보자는 것이 대략의 목적이었죠. 점포
가 없던 저는 이를테면 도우미 같은 입장이었어요.

**다들 개별적으로 판매하는 것보다 마켓이라는 이벤트를 통해서 판매하는 쪽이
손님을 모을 수 있다고 생각했던 거군요.**

그렇지요. 그리고 멤버들 대부분이 이주자였기에 지역에 기댈 수 있
는 연줄이 없다는 것도 "자, 우리끼리 (판매를) 해봅시다"로 이어졌다고 생
각해요. 그래서 2007년에 출점할 가게를 이삼십 개 정도 모아서 첫 번째
마켓을 개최했어요. 이 첫 회가 상당히 평판이 좋아서 그 후에도 횟수를
늘려 이어 갔다고 할 수 있겠죠.

점포가 없는 저도 '내추럴 라이프 마켓' 첫 회 때 하루 동안 150잔에
서 2백 잔 정도 커피를 팔았어요. 아무튼 놔두기만 하면 팔리는 분위기였
죠. 저뿐 아니라 다른 출점자들도 다들 놀랐을 만큼 엄청난 기세로 팔렸
어요.

마켓이라는 이벤트에 잠재적인 수요가 있었던 거네요.

2007년은 이제 막 스마트폰과 SNS가 나오기 시작한 때여서 인터넷
은 있었지만 출점자의 고정점포 정보가 별로 없었고, 장소를 알아냈더라
도 점포들이 광범위하게 흩어져 있기 일쑤였어요. 지금처럼 구글맵 내비
게이션으로 편하게 찾아갈 수 있는 환경이 아니었죠. 한마디로 '가보고 싶
지만 가기 힘든 가게'가 일제히 한 장소에 모였기 때문에 마켓이 인기를 끌

었던 게 아닐까 생각해요.

내추럴 라이프 마켓은 일 년에 한 번 정도의 빈도로 개최했어요. 저는 고정점포를 2010년 9월에 오픈하면서 바빠졌기 때문에 도중에 운영에서 빠졌지만 〈다루마리〉의 와타나베 씨 부부가 선두에 서서 이끌었지요. 보소 지역에는 당시 먹거리와 환경 의식이 높은 사람들이 점점 이주해 오고 있어서 '유기농'이 하나의 큰 테마였던 내추럴 라이프 마켓은 언제나 많은 손님들로 북적였어요.

재해 후 침체된 상황을 타개하기 위해 새로운 마켓을 개최

내추럴 라이프 마켓이 성황을 이루면서 다른 마켓도 늘었나요?

아니요, 당시는 거의 늘지 않았다고 기억해요. 아직 분위기가 계기를 만들 만큼 무르익지 않았던 거 같아요. 내추럴 라이프 마켓이 끝나갈 즈음 저도 가게를 시작했고 드디어 본격적으로 해보자고 마음을 먹은 바로 직후인 2011년 봄에…….

동일본 대지진이 일어났지요.

네. 보소 지역도 굉장히 흔들렸고 지금에서야 방사능 영향이 거의 없다는 것을 알게 되었지만 당시에는 '여기에 살아도 되는 걸까?'라는 불안으로 모두 안절부절못했어요. 그러던 중 먹거리와 환경에 대한 의식이 높은 동료들 대다수가 시코쿠나 규슈, 오키나와 쪽으로 떠나버렸지요. 아, 이 사람도, 저 사람도 가는구나, 매달 그랬어요.

지진 전과 지진 후로 지역 이주자가 상당히 달라졌네요. 내추럴 라이프 마켓도 지진 전에 끝났고. 매우 큰 분기점이었군요.

그렇게 말할 수 있다고 생각해요. 이 일대에선 매우 중요한 존재였던 〈다루마리〉의 와타나베 씨 부부도 지진만이 이유는 아니었지만 오카야마로 이사했지요. 관광객도 전혀 오지 않게 되었고 제 가게도 오픈은 했지만 새소리만 들릴 정도로 한적했어요. 주위에 물어봐도 음식업 관련 동료들은 다들 "지진 영향으로 전혀 안 팔려요"라며 어두운 얼굴이었죠. 곤란해진 사람들이 많이 생겨서 상당히 어려운 상황이었어요.

그때 떠오른 것이 다시 마켓을 열자는 거였어요. 또 한 번 활기를 되찾기 위해서는 마켓이 가장 빠른 길이었고 재해로 풀이 죽었다고 해도 지역에 발붙이고 잘 해나가고 있는 사람도 많았어요. 그래서 "포기하지 말고 제대로 해봅시다"라는 걸 어필하고 싶었지요.

내추럴 라이프 마켓 때 제 위치는 출점자 및 연락관계자 정도였어요. 하지만 그때 참여해서 전체 흐름을 경험해봤기에 정말 어깨너머로 배운 것으로 새롭게 '보소 스타 마켓'을 일으키기 위해 움직이기 시작했죠. 출점을 권유하고 관계자에게 연락을 했어요. 전단지와 지도를 만들고 디자인과 로고를 제작하는 등 여러 곳에서 도움을 받고 모두 함께 분주히 달려서 2011년 11월에 첫 회를 개최하게 되었죠. 그 정도로 다들 "뭔가 해야만 해!"라고 단단히 생각했던 거예요.

새 마켓에 대한 첫 반응은 어땠나요?

출점자는 보소 남부 가모가와 시鴨川市와 북부 가토리 시香取市에서도 와주어서 총 40점포였어요. 재해 후 보소 전역이 상당히 기운을 잃었고 위기감도 꽤 팽배해 있었어요. 그래서 손님이 과연 모일지 매우 불안했지요. 그런데 8백 명이나 찾아주셨어요.

개점하고 반년이 지나 재해를 맞닥뜨린 제 가게는 당시 하루에 손님이 다섯 그룹 정도 왔고 기껏해야 열 잔 정도 팔리는 수준이었어요. 그런데 보소 스타 마켓에서는 하루에 2백 잔이나 팔렸지요. 정말 필사적으로 커피를 계속 내려서 다른 가게를 돌아볼 여유도 없었어요. 출점자 전원이 그랬어요.

그로부터 4개월 후 두 번째 마켓을 개최했고 그 후에는 반년에 한 번씩 매년 두 번 정도 열기로 결정했어요. 2011년부터 2015년까지 아홉 번 열었지요. 그러자 그사이에 매주 다양한 장소에서 마켓이 개최되기 시작했어요.

보소 스타 마켓이 성황을 이루면서 재해 후 정체되었던 상황을 다소나마 타개해 나가자 이번에는 그 뒤를 잇는 사람들이 나온 거군요.

마켓이 여기에서도 열렸다, 저기에서도 열렸다는 것을 들을 때마다 무척 즐거웠고 심장이 두근거렸어요. 얼마 되지 않아 마켓을 이곳저곳 돌며 출점하는 사람도 생겼고 손님도 점점 늘었지요.

앞으로는 '페스티벌'보다 성숙한 '일상의 마켓'으로

최근 마켓에 출점하는 이들 중에는 고정점포가 없는 사람도 많은 것 같은데요,
내추럴 라이프 마켓과 보소 스타 마켓 출점자는 어땠나요?

반반이에요. 개최 측은 고정점포가 있고 없고를 떠나서 좋다고 생각
하는 사람에게 권유를 했죠. 예를 들어 현재 모바라 시에서 양과자점을 하
고 있는 사람은 자택 공방에서 시작했어요. "앞으로 파트타임으로 일하면
서 케이크를 만들어 조금씩 팔아볼까 해요"라고 말했는데 시식해보니 무
척 퀄리티가 좋고 맛있어서 놀랐
지요. 그래서 마켓에 출점을 권
유했고 순식간에 인기 점포가
되었어요. 머지않아 마켓을 졸
업하고 고정점포를 열었지요. 그
런 사람들이 여러 명 있어요.

한편으론 원래는 점포를 갖

2015년에 일단 종료한 보소 스타 마켓의 이름을
살려 2016년 5월에 뜻을 모은 음식점끼리 'mini
스타 마켓'을 개최했다.

고 있지만 매상이 적어서 마켓에 출점하는 경우도 있었어요. 그러는 사이 손님들에게 인기를 끌면서 점포도 잘 돼서 마켓을 졸업한 사람도 있고요.

마켓 운영이 적자인 적은 없었나요?

그럴 뻔한 적은 있지요. 마켓 개최장은 대개 역에서 멀기 때문에 손님을 역에서 차량으로 모셔 와야 해요. 근처 주차장을 돌면서 손님을 나르기 위해 필요한 20~30명 정원의 미니버스를 빌려야 하죠. 이게 한 대에 하루 4만 엔인데 두 대 정도 필요하니까 8만 엔이에요. 또 교통정리를 할 경비원을 고용하면 하루에 10만 엔. 일일 마켓 개최에 최저 18만 엔 정도는 필요한데 이걸 매번 출점자들에게 받는 출점료로 감당해요. 조금이라도 경비가 늘어나면 적자가 되지요.

그러면 마켓 운영 그 자체로는 이익이 나오는 게 아닌가요?

거의 나오지 않아요. 마켓의 규모가 커지면 그만큼 경비도 늘어나고 관리 면에서 부담도 커지니까요.

마켓 운영은 지속해 나가는 것이 매우 큰 과제예요. 보소 스타 마켓도 회를 거듭하면서 개최 장소의 수용 인원을 초과할 정도로 많은 손님이 방문하는 이벤트가 되어 갔어요. 하지만 동시에 거의 매주 여기저기에서 마켓이 개최되는 것을 보고 처음에 생각했던 역할은 달성했다는 생각이 들었지요. 그래서 2015년에 이런 형태로는 일단 종료하기로 했어요.

보소이스미 지역 마켓에 관계된 사람들에게 신뢰가
두터운 미즈노 씨.

매회 고대하며 즐기던 사람도 많았
을 텐데 큰 결단을 내리셨네요.

보소 스타 마켓은 회를 거듭하
면서 규모가 커질수록 마켓보다는
페스티벌이나 축제에 가까워졌어
요. 지역 고등학교 관악단이 연주를
하기도 하고 말이죠. 지역 활성화에
공헌하는 면도 있었지만 개최장은
매우 혼잡스러웠어요. '얼굴을 마주
보고 대화를 나누며 사람과 사람 사이를 잇는 마켓'이라는 이상에서 멀어
지고 있다고 느끼기 시작한 게 큰 이유였죠.

그런 경험이 있었기에 앞으로는 좀 더 성숙한 마켓을 만드는 것에 도
전해보고 싶어요.

예전에 파리의 라스파유 거리에서 열린 역사가 오래된 유기농 마켓
에 다녀온 적이 있어요. 거기에는 유기농 식재료가 죽 놓여 있는데 농가도
있고 양봉가도 있었지요. 거의 매달 찾는다는 재구매자들 덕분에 마켓은
출점자와 손님의 일상생활에 스며들어 있었어요. 어디까지나 일상의 범주
안에 있으면서 판매하는 상품의 질은 무척 좋다는 점이 정말 대단하게 느
껴졌지요. 거기에 이상을 두고 담담하고 차분하게 지속할 수 있는 마켓을
만들고 싶어요.

땅에 확실히 뿌리를 내린 마켓 문화를 만들고자 하는 것이네요. 초기에는 가게 매상을 올리는 것이 목적이던 마켓 운영을 앞으로도 계속 해나가려고 하는 이유는 뭔가요?

마켓에서 눈을 반짝이며 상품을 보던 손님들, 그리고 "저거 맛있겠다", "사주셔서 감사합니다" 하면서 서로 주고받는 모습을 보면 기획하기를 잘했다고 느끼니까요. 그리고 저 자신도 출점자들로부터 "기획해줘서 고맙습니다"라는 말을 들으면 무척 기쁘고요. 지속하는 건 힘들지만 그만큼 기대감과 신뢰가 따라오기에 제가 하는 장사의 원동력이 되기도 하거든요.

또한 초기에는 출점자와 손님이라는 한 줄의 실로 이어지던 관계성이 회를 거듭할수록 손님들 사이에서 "그 마켓 정말 즐거웠어", "그 가게가 좋았어" 같은 정보 교환으로 이어져 다양한 실이 종횡무진 겹치면서 직물 같은 모양을 짜내죠. 이것이 지역을 보다 활기차게 만든다는 생각이 들어요. 그래서 마켓으로 그런 관계성을 더욱 굵고 깊게 만들고 싶어요.

미즈노 씨의 가게 〈바이센고보 허그(HUG)〉는 월, 화요일 이외는 매일 12시부터 영업.

실천! 마켓을 만드는 방법

보소이스미 지역에서 열리는 마켓은 대개 개인이 주최한다. 그렇다면 실제로 개인이 어떻게 마켓을 만들 수 있을까. 중요한 포인트가 여럿 있다. 내방객과 출점자가 만족할 수 있는 이벤트를 막힘없이 준비하고 운영하는 노하우를 소개한다!

감수: 이치바 아키코

01 계획

'규모'와 '테마' 등을 포함해서 어떤 마켓을 만들고 싶은지를 명확히 한다.

02 팀 구성하기

한 사람이 주최할 것인가, 동료와 함께 할 것인가. 혼자 한다면 생각한 대로 만들 수 있겠지만 개최하기까지 광범위한 사무 작업이 수반된다. 전혀 해보지 않은 초심자라면 팀을 꾸리는 것이 무난하다. 뜻이 맞을 것 같은 사람에게 "함께 해보지 않겠습니까?"라고 미리 말을 걸어보자.

~4개월 전

03 장소·시일을 정한다

테마와 규모에 맞는 개최 장소를 정하고 다른 이벤트와 겹치지 않도록 개최 시일을 결정한다. 장소에서 고려할 포인트는 교통편. 역이 멀 경우 개최장 및 근처 주차장을 확보. 때에 따라 셔틀버스를 준비할 필요도 있다.

04 개최 장소 교섭

이용 요금, 시간, 주차장 등의 여러 조건을 교섭. 주위가 주택가인 경우 손님이 많이 몰리는 이벤트는 도로 혼잡과 소음으로 클레임에 걸릴 우려도 있다. 지금까지 문제가 발생했는지 여부를 오너에게 구체적으로 확인하는 것도 중요.

05 출점자 모집

개인이 개최하는 마켓 출점은 공모가 아니라 임의대로 권유하는 것이 대부분. 다른 마켓에 출점하고 있는 가게나 근처 점포 중에서 테마에 맞는 곳을 선정해 출점을 타진. 출점료(예: 1,000엔+매상의 10%) 등 여러 조건도 정해둔다.

06 전단지 제작, 광고 활동

개최일 2개월 전까지 완성해서 지역 가게나 지역 문화센터 등에 놓아둔다. 또한 SNS 페이지를 만들어 광고 개시. 매일 한 점포씩 출점자를 소개하며 개최에 대한 기대감을 높인다.

163

~2개월 전

07 자원봉사자 모집, 스케줄 작성

당일에 주차장 유도와 준비·뒷정리를 도와줄 자원봉사자를 모집한다. 각자 당일 활동 스케줄 작성. 스태프가 목에 걸 수 있는 스태프증도 만든다.

08 개최장 레이아웃

출점자의 개최장 배치를 정하고 당일 배부할 팸플릿을 작성. 다음 회가 결정되어 있다면 공지 정보도 담는다.

09 이벤트 상품 제작

정기 개최를 하고자 한다면 로고를 디자인한 상품은 초기에 한꺼번에 제작하는 것이 싸게 먹힌다. 에코백은 개최장에서 산 물건을 담는 데 편리, 더운 날이라면 티셔츠도 팔린다. 모두 원가+α로 이익은 중시하지 않는다.

전날·당일

10 개최장 꾸미기

전날: 만약 전날부터 개최장을 빌릴 수 없다면
전부 당일 아침부터! 반입할 때의 동선을 고려
해서 유도할 수 있는 계획을 만들고 깃발 등으
로 개최장을 장식한다. 음식점을 제외한 잡화
점 등의 반입을 돕는다.

11 반입 ~ 개최 ~ 뒷정리

당일 아침: 자원봉사자와 모임을 갖고 역할 확인,
배치. 음식점 반입을 돕는다. 개최 시간 중에는 트
러블에 대응하기 위해 책임자는 개최장에서 대기
한다. 종료 후에 출점자와 출점료를 정산하고 뒷
정리를 확실히 한 후 해산.

마켓으로
지역 가치 일구기

보소이스미 지역의 작은 장사 문화를 지탱해주는 일등공신은 이곳저곳에서 이벤트처럼 열리는 마켓의 존재다. 재료 매입과 상품 판매의 반경을 지역에 한정해서 지역 내 경제를 돌아가게 하는 작은 장사 마켓은 일상의 관계성을 다시 형성하고 묻혀 있는 지역 경제의 가치를 높일 수 있는 가능성까지 지니고 있다.

인도네시아 중부의 자와^{Jawa} 주에 있는 인구 약 1천 명 정도가 사는 마을에서 마켓을 주최하고 있는 프랜시스카 칼리스타$^{Francisca\ Callista}$라는 여성을 일본에서 만날 기회가 있었다. '파사르 파프린건'•이라는 이름을 가진 그 마켓의 이야기는 무척 흥미로웠다.

"'파사르 파프린건'의 목적은 지역 문화와 가치를 재발견하는 것이에

• Pasar Papringan, 대나무 숲 시장 홈페이지 https://www.facebook.com/PasarPapringan/.

요. 마을에는 원래 대나무 숲이 많은데 대나무 제품은 생활에 침투해 있지만, 그 속에는 아무도 들어가고 싶어 하지 않는 어두운 숲도 있었어요. 하지만 방치해 두면 주택지로 개발될 우려가 있었죠. 그래서 대나무 숲을 지키고 그 중요한 가치를 마을 사람들 스스로 재확인하기 위해서 숲의 이미지를 좋게 만들 필요가 있었어요.

또한 마을 식탁에 화학조미료가 늘면서 예부터 내려온 전통 음식도 쇠퇴해 갔어요. 마켓에서는 '아지노모토'◆를 사용하지 않고 유기농 음식을 만들었으면 좋겠다고 모두에게 끊임없이 이야기해서 조금씩 전통적인 허브티나 토란과 코코넛을 사용한 요리 등을 만들게 되었지요.

제가 전하고 싶은 것은 마을의 뿌리를 다시 들여다보면 거기에 훌륭한 것들이 많이 있다는 점이에요. 앞으로도 마켓을 지역의 보물을 발견하는 계기로 만들어 가고 싶어요."

출점자 대부분은 숲에 사는 농가 여성들이다. 대나무 바구니와 요리는 일상적으로 만들지만 사람들이 사주리라고는 생각조차 못 했다고 한다. 마켓은 그녀들에게 자신이 만든 상품에 자신감을 가지게 하고 지역 가치를 공유해 나가는 기쁨을 준다. 그리고 지금까지는 농작물을 수확할 때만 수입이 생겼지만 파사르 파프린건이 개최되면서 한 달에 한 번 임시 수입도 얻을 수 있게 되었다.

◆ 味の素, 일본의 대표적인 화학조미료.

또한 프랜시스카도 참가하고 있는, 마을을 활기차게 만드는 활동인 'Spedagi'(스페다기)에서는 지역산 대나무를 재료로 아름다운 자전거를 만들고 있다. 그 독창성과 완성도는 해외에서도 높게 평가되고 있지만 수입하고 싶어 하는 사람들의 요구를 전부 거절하고 있다고 한다. 물론 인터넷 판매도 하지 않는다. 그들은 말한다. "자전거를 살 수 있는 방법은 오직 하나예요. 마을에 와서 직접 사주시는 거죠."

이것은 앞서 언급한 '구매자를 선별'하는 장사 방법이다. 물건을 판매하는 것뿐만 아니라 마을에 사람의 유입을 촉진시키고 마을을 활기차게 만드는 효과를 얻을 수 있다.

보소이스미 지역에서는 쇠퇴한 상점가에서 점포 앞을 빌려 마켓을 여는 움직임도 일고 있다. 지자체가 마켓을 만든 적이 있는 경험자들에게 요청한 것이다. 출점하고 있는 이들은 물론 이 책에서 소개한 작은 장사 활동가들이다.

이 마켓이 상점가에 새로운 기회를 제공할 가능성도 있다. 손님이 온다는 것을 알게 되면 점포가 없던 활동가들이 상점가에 고정점포를 낼 수도 있기 때문이다. 자동차 시대의 후광으로 인해 폐허가 된 상점가가 자동차 시대의 은혜를 입은 마켓 문화에 의해 부활하게 된다면 스토리 면에서도 흥미롭다.

우리 집도 애초에는 '작은 장사'를 했어요
관계 속에서 기분 좋게 살아가면 좋으니까요

매크로바이오틱 요리가
나카지마 데코中島デコ

16세에 매크로바이오틱을 알게 되어 25세 때부터 본격적으로 배우기 시작했다. 두 번의 결혼으로 2남 3녀의 엄마가 되어 1999년 남편이자 포토저널리스트인 에버렛 브라운 Everett Brown 씨와 함께 지바 현 이스미 시로 이주. 눈앞에 전원 풍경이 펼쳐지는 지금의 땅에 〈브라운즈 필드〉라고 이름 붙이고 숙박 시설과 카페를 오픈. 요리교실과 디톡스 프로그램 등의 이벤트도 개최하고 있다.

　　자유로운 마인드를 가지고 마켓에서 생계를 잇는 사람들이 많이 사는 보소이스미 지역. 그들의 존재는 어떤 풍토에서 생겨나는 것일까?

　　이스미 시내에서 숙박 시설과 카페 〈브라운즈 필드〉를 운영하는 요리가 나카지마 데코 씨는 가족과 스태프, WWOOFer(우퍼)*들과 함께 생활하며 자신의 일상 속에 많은 사람들을 받아들여왔다. 이곳을 경유해서 결국에는 근처에 살게 된 이주자도 있다. 〈브라운즈 필드〉는 보소이스미 지역에 '좋아하는 일을 중심에 두고 자유롭게 살기'라는 마인드가 자라는 토양을 만든 중요한 거점 중 하나다.

도쿄에서 하던 일을 잃어버릴까 봐 불안

이 장소에 거주를 결정하고 〈브라운즈 필드〉를 만든 계기는요?

이 집은 이전에 영국인 탐험가가 가족과 함께 거주했던 곳인데 그 사람을 에버 씨(남편인 에버렛 브라운 씨)가 취재한 적이 있어요. 나중에 그들이 떠난다는 얘기를 듣고 한번 보러 온 것이 계기랄까요. 그 후 1999년에 도쿄에서 이곳으로 가족과 함께 이주해서 논과 밭을 일구기 시작했어요. 집을 숙박 가능한 게스트 하우스로 만들고 농사일을 체험하는 우퍼를 받아들이면서 조금씩 지금의 형태가 만들어졌지요.

전 다섯 명의 아이를 도쿄에서 낳았는데 자식들을 잘 기르기 위해서는 매크로바이오틱이 가장 좋다는 생각을 원래부터 갖고 있었어요. 하지만 아이 다섯 명을 포함해 가족 일곱 명분의 무농약 채소와 유기농 조미료를 자연식품 매장에서 사들이는 것은 일단 돈이 들잖아요?

며칠 전에 수확한 조금 시든 비타민 채소가 한 꾸러미에 250엔. 신선

● 세계 100개국 이상에서 전개되는 WWOOFWorld Wide Opportunities on Organic Farms 시스템을 사용한 오가닉 농장 등에 노동력과 지식을 제공하는 대가로 호스트로부터 식사와 숙박을 제공받는 사람들을 말한다. 상세한 내용은 WWOOF 사이트(http://wwoof.net/) 참조.(저자 주)

하지 않은 데다 화학 연료로 운반된 것을 비싸게 지불하고 사야 하는 모순을 많이 느꼈어요.

한편 시골에 살고 있는 친구 집에 가면 "잠깐만, 채소 좀 따올게"라는 거예요. 물론 공짜에다 신선하고 맛있기까지 해요. 이거 멋지네. '와, 이런 거 진짜 해보고 싶어'(웃음)라고 생각했죠.

그래서 시골 생활에 눈을 돌린 건가요?

그렇죠. 다만 제가 그다지 부지런하지 않아서 부동산을 통해 건물을 보러 다니지는 않았어요. 가끔씩 도쿄 오메 시青梅市나 JR 중앙선에서 많이 들어가야 하는 지역에 가보곤 했지만 해가 반나절도 들지 않는 산골짜기거나 해서 '여기다' 하는 감이 오는 곳이 없었어요.

솔직히 말하면 지바는, 전혀 올 생각이 없었어요. 저는 도쿄에서 태어나 자랐고 옛날부터 각인된 지바는 그다지 멋있는 이미지가 아니었거든요.(웃음) 그래서 에버 씨가 "이스미를 보러 갑시다"라고 말했을 때도 별로 마음이 내키지 않았어요. 그런 상황에서 처음 여기에 와보고는 충격을 받았죠. 마을 숲은 굉장히 아름답고, 아이들이 뛰어놀 수 있는 충분한 공간이 있고, 하루 종일 해가 들어 밝고 바람이 잘 통해 상쾌하고, 주변에 집들이 따닥따닥 붙어 있지 않고. 바로 여기네! 싶어 즉시 결정했어요.

이곳을 보러 온 것이 9월 초였는데, 다음 해 3월에 이사했죠. 그게 마흔한 살 때네요.

도쿄에 살고 있을 때는 요리교실을 열었었지요?

그렇게 거창한 건 아니고, 시작은 집에서 월 1회 여는 한 사람당 5백 엔짜리 식사회였어요. 매크로바이오틱 요리교실에 다니면서 사범 면허 자격증은 땄지만 막 마친 직후여서 사람들에게 무언가를 가르친다는 게 주제넘다고 생각했어요. 그때는 컴퓨터도 인터넷도 없었으니까 홍보도 사람을 모으는 일도 힘들었어요. 손으로 쓴 엽서를 복사해서 자연식품 매장 벽에 붙이거나 '자연육아친구의 모임'이라는 단체 회보에 게재하거나 했죠. 하지만 처음엔 아무도 안 왔어요. 제가 누군지 알지 못하니 당연했죠.

이십 대 후반부터 시작해서 초기에는 정말로 여가 활동 삼아 한 정도였어요. 참가비는 5백 엔에서 점차 올렸지만 1회 단위로 하면 갑자기 쉬는 사람도 있어서 봄 코스, 여름 코스로 만들어서 첫 회에 입금을 받았지요. 이스미 시에 오기 직전에는 1회에 대여섯 명의 식사회를 주 3회 진행했어요. 그때는 그럭저럭 수입이 들어왔던 것 같아요.

하지만 도쿄 집을 떠나면 그마저도 없어지니까 엄청 걱정했지요. 이런 시골에서 무엇을 할 수 있을까? 도쿄에서 이스미 시까지 다닐 학생은 절대로 없을 테고 말이죠.

당시 남편인 에버 씨는요?

전혀 일은 하지 않고 있었어요.(웃음) 그래서 정말로 생활이 아슬아슬했지요. 현금 수입이 거의 없고 아주 가끔 에버 씨가 잡지 촬영 일을 해서 몇만 엔이 단발로 들어오는 정도였죠. 그래서 이주 후에는 우선 최대한 돈을 쓰지 않는 생활을 했어요. 보험도 신문도 텔레비전 수신료도 일단 끊을 수 있는 것은 전부 끊었어요. 그래도 근처 직판장에 가면 신선한 채소를 무척 싸게 살 수 있잖아요. "쌀과 채소, 된장과 간장만 있으면 어떻게든 살 수 있어!" 하면서 힘을 낸 거예요.(웃음)

그런데 이사하고 3개월이 지났을 무렵 집 계단에서 넘어져 다리가 부러졌어요. 그래서 도내 병원에 다녔는데 거기에서 만난 '자연육아친구의 모임'의 일원이 "월간 회보지에 뭔가 기고하지 않을래요?"라는 제안을 해서 레시피나 글을 쓰게 되었죠.

결국 회보지에 기고했던 것이 『살아가는 것만으로 좋지 않아?』(긴다 이에이가샤, 2004년 발간)라는 책 출판으로도 이어진 거예요. 그즈음 매크로 바이오틱 계열 사람들이 늘어나면서 요리책을 계속 내게 된 거죠.

이래저래 굉장한 스토리네요. 이스미 시에 온 이후 요리교실은 다시 열었나요?

요리교실이 아니라 이주한 지 2년이 되었을 때부터 '자연육아친구의 모임' 회보지에 광고를 해서 모심기 이벤트를 시작했어요. 그리고 3년이 된 때부터는 '모래목욕 합숙'을 했어요. 이건 바다에 가서 모래 속에 묻어 주는 거예요.(웃음) 또 단식 합숙도 시작했어요. 한마디로 건강 합숙이죠. 숙박은 안채에서 다들 한데 섞여 자는 거여서 참가한 사람들이 무척 놀랐을 거예요. 1박 2일에 만 엔에서 만 5천 엔이었는데 그게 정말 감사한 현금 수입이 되어주었죠.

우리도 초기에는 '작은 장사'를 한 것 같아요. 그리고 지금은 여기저기에서 마켓이 열리고 있지만 그때는 아무것도 없었어요. 빵 가게 〈다루마리〉의 와타나베 씨 부부와 〈브라운즈 필드〉가 '내추럴 라이프 마켓'을 시작한 것이 최초였으니까요.

저는 사람들 사이에서 기분 좋게 살면 좋겠다는 생각으로 여기까지 왔어요. 마켓도 같아요. 관계가 만들어지니까 좋잖아요.

우퍼를 받아들이고 카페와 숙박 시설도 꾸리고 계시지요. 〈브라운즈 필드〉를 어떤 형태로든 방문한 사람들이 상당히 많아요.

이젠 나도 이유를 알 수가 없어요.(웃음) 젊은 스태프랑 우퍼가 여기에서 커플이 되어 근처에 살기도 하고 옛날과는 분위기가 점점 달라지고 있으니 미래가 밝지 않을까 생각해요.

올해는 일단 여기까지의 일을 정리해보고 싶어서 책도 출간했고요(『브라운즈 필드의 둥근 테이블』, BF BOOKS 발간). 나도 그들을 새삼스레 인터뷰하면서 무척 재미있었어요.

그렇다고 해도 기본적으로 스태프도 우퍼도 데코 씨와 에버 씨 집에서 함께 생활하는 거지요? 역시 다시금 객관적인 시각으로 봐도 특이한 생활이네요.

애초에 에버 씨 같은 특이한 사람을 좋아한 시점부터 저도 특이해졌죠.(웃음) 하지만 초기에 에버 씨가 아직 일본에 없던 WWOOF라는 시스템을 해외 인터넷 정보에서 발견하고는 "이런 게 있는데 해보지 않을래?"라고 말했을 때는 단칼에 거절했어요. 당시에는 당연히 가족끼리만 살고 있었고 "이상한 사람이 오거나 해서 아이들에게 나쁜 영향을 끼치면 어쩌려고. 절대로 안 돼"라고 했죠. 하지만 맨 처음 온 아이가 정말로 좋은 아이였어요. 그리고 제삼자가 있으니까 부부 사이가 더 좋아지는 것 같았고요. 그렇게 해서 저도 에버 씨도 많이 변화하면서 자신이 하고 싶은 방향을 모색했죠. 지금은 함께 일하는 스태프들이 내 아이들처럼 느껴져요.

스태프들이 몇 년에 한 번씩 바뀌니까 새로운 스태프와는 점점 나이 차가 벌어지겠어요.

그렇죠. 그래서 다들 무척 의지가 되고 함께해서 즐거워요. 저를 나이먹은 사람으로 취급하지 않고 같이 놀아줘요. 이건 정말 감사한 일이에요. 보통 초등학생은 초등학생, 중학생은 중학생, 늙으면 시설로 가는 것처럼 나눠져 있지만 여기에서는 다들 하나예요. 제게는 태어나서 죽을 때까지 지역이 돌봐주고 다들 서로 도우면서 평화롭고 즐겁게 살고 싶다는 이상이 있어요. 〈브라운즈 필드〉를 그런 장소로 만들고 싶다는 생각을 갖고 있지요.

이미 그런 장소가 됐다고요? 고마워요, 열심히 하겠습니다.(웃음) 현미 채식이라는 식사뿐만 아니라 그런 것을 전부 한데 모은 것이 매크로바이오틱 생활이라고 저는 생각해요.

노는 것처럼 자유롭게 살자

동일본 대지진을 겪은 후 지바 현도 방사능의 위험이 있다는 소문이 돌았어요.
'매크로바이오틱'은 풍부한 자연환경에 뿌리내린 생활을 목적으로 하지요. 왜
다른 곳으로 이주하지 않았는지 자주 질문 받지 않나요?

당연히 자주 받았지요. 이 주변 사람들도 많이들 서일본으로 이주했
고요. 실제로 지진이 일어난 3월 11일 밤에 "지금 함께 도망갑시다"라는
제안도 받았지요. 하지만 바로 그때 "내일 세상이 망한다 해도 오늘 한 그
루의 사과나무를 심겠다"는 스피노자의 말과 마주쳤어요. 심는다는 것은
다가올 미래에 부탁한다는 의미예요. 그것은 역시 흙이나 장소나 대지에
이어져 '땅에 발을 붙이고 있다'는 느낌이지요. 당황해서 다른 곳으로 날
아가 버리는 게 아니라 무슨 일이 있어도 땅에 발을 붙이고 있으면 살 수

있지 않을까 하고 생각했
어요. 그래서 만약 이 지
역의 안전이 'No Good'이
라고 판명된다면, 그러면
그렇게 '받아들이자'라고.

제게는 여기가 가장
발붙일 수 있는 장소였어
요. 그리고 더 힘든 상황을
겪고 있는 사람들을 받아

들일 수 있는 장소가 될 수 있지 않을까 싶기도 했고요.

매크로바이오틱의 신토불이네요. 대지에서 멀어지는 게 아니라 대지에 발을 디디고 받아들인다?

왜냐하면 자연은 정말 굉장하잖아요. 방사선량을 측정했을 때 초기에는 어느 정도 수치가 나왔지만 해가 지날수록 거의 제로가 되었죠. 한번 대지가 더러워졌어도 과실은 맺히고 맺힌 과실에 나쁜 것은 들어 있지 않아요. 자연 순환 사이클이 잘 기능한다면 자연이 "괜찮아"라고 말해준다는 느낌이 들어요. 물론 먹거리를 고르고 조리하는 노력은 자기 나름대로 해야겠지만 말이죠.

그런 데코 씨의 철학은 어디에서 왔나요? 부모님과 가정환경의 영향인가요?

아버지는 전파상을 했고 어머니는 주부였으니 두 분 다 평범하셨지요. 저는 장녀고 여동생이 세 명이니까 네 자매였고요. 가정은 지극히 보통이랄까. 다만 제가 스무 살을 지날 즈음에 아버지가 직장암으로 타계하셨죠. 아버지가 병에 걸렸을 때부터 먹거리와 생활 전부를 다시 들여다보게 되었고 매크로바이오틱을 본격

〈브라운즈 필드〉

http://brownsfield-jp.com

매크로바이오틱을 기본으로 풍부한 먹거리를 중심에 두고 기분 좋은 생활을 제창. 에버렛과 데코 씨의 주 거지이자 내추럴 스토어, 카페·숙박·이벤트를 하는 장소.

적으로 시작했어요. 매크로바이오틱은 최종적으로 먹거리에서 이루는 세계 평화이고 즐겁게 원 없이 놀면서 일생을 마치려고 하는 거니까.

별로 알려져 있지는 않겠지만 매크로바이오틱 제창자인 사쿠라자와 유키카즈桜沢如一 선생은 "매크로바이오틱을 하면 인생을 원 없이 즐길 수 있다"고 말씀하셨고 그 지점이 제게는 가장 와닿았어요.(웃음) 지금은 제가 여기저기 이벤트나 강연회를 돌아다니니까 주위에서는 바쁘게 일하는 것처럼 볼지 몰라도 저는 좋아하는 일을 하면서 즐기고 있는 것뿐이에요.

매크로바이오틱이란 게 즐거운 가르침이었던 거네요.

물론이죠. 사쿠라자와 선생은 무척 옛날 사람이지만 세계 각국을 돌아다니며 매크로바이오틱을 전파하면서 즐겼어요. 그걸 알고 '좋다'고 생각했죠. 현미를 잘 먹는다면 건강해져서 병원에 갈 필요도 없고 건강에 자신도 생기니까 미래를 대비해서 보험을 들 필요도 없어요. 전혀 돈을 사용하지 않고 원 없이 즐길 수 있어요. '이거 진짜 멋지다!'고 생각했죠.

왜냐하면 일반적으로 직장에 취직했으면 이렇게 평일 오후에 햇빛 속에서 논을 바라보며 이야기하는 건 불가능하잖아요? 원하는 때에 원하는 사람과 원하는 장소에서 일한다는 건 저에게는 놀이거든요. 그래서 모두에게 작은 장사 같은 걸 해서 자유롭게 살고 더욱 인생을 즐기라고 권유하고 싶어요.

작은 장사를 하고 작은 장사 소비율을 높여서 다른 미래를 만든다
이것은 보다 좋은 사회를 만드는 강력한 수단

웹 매거진 『greenz.jp』 편집장
스즈키 나오 鈴木菜央

NPO 법인 그린즈 대표. 1976년 방콕에서 태어나 도쿄에서 성장. 2002년부터 월간 『소토코토ソト¬』의 편집에 참여했고 독립 후 2006년에 '원하는 미래는, 만들자'를 테마로 한 웹 매거진 『greenz.jp』를 창간. 지바 현 이스미 시에 있는 35제곱미터 면적의 타이니 하우스Tiny House에서 가족 네 명이 작고 큰 생활을 실험 중. 저서로 『"원하는 미래'는 내 손으로 만든다』(고단샤 / 세이카이사신서, 2013년 발간).

웹 매거진 편집장으로 십 년간 '보다 좋은 사회를 만들기 위한 다양한 대처 방법' 사례를 살펴온 스즈키 나오 씨. 그런 나오 씨가 자신과 가족의 미래를 만들기 위한 거점으로 선택한 곳이 이스미 시다. 살 땅을 정한 후 집으로 개조한 트레일러에서 생활하고 있다. 살아 있다는 느낌을 회복하기 위한 활동의 일환으로 만든 오두막이 벌써 네 채. 전국에서 참가자가 모이는 오두막 DIY 워크숍은 잡지나 미디어에서도 다뤄지고 있다. 자신이 직접 살면서 활동하는 보소이스미 지역의 작은 장사 문화를 그는 어떻게 보고 있을까?

도쿄로 통근하는 프런티어

나오 씨는 2010년 4월에 도쿄 도에서 이스미 시로 이주했지요. 이주한 이유와 계기는요?

음, 여러 일들이 있었지만 우선은 도시 출신인 저와 두 딸에게 고향을 만들어주고 싶었어요. 자연의 순환 속에서 사는 삶을 실천해보고 싶었다고나 할까요. 회사가 도쿄에 있었는데 전철로 편도 한 시간 반 정도 걸리는 범위에서 찾으려고 가족과 함께 여기저기 돌아다녀봤어요. 그중 이스미 시에서 마주친 사람들이 단연 흥미로웠고요.

천연균으로 빵을 만들던 〈다루마리〉의 와타나베 씨 부부, 일본 전역에서 사람들이 찾아오는 〈브라운즈 필드〉의 에버렛 씨와 나카지마 데코 씨 부부, 이외에도 다양한 사람들이 있었어요. 이주 상담을 위해서 NPO 법인 '이스미 라이프스타일 연구소'에 이야기를 나누러 갔는데 거기에 있던 이들도 무척 흥미로웠고 말이죠.

동시에 여기는 '프런티어'라고나 할까, 상당히 재미있는 곳인데도 그다지 주목받지 못한 틈이 있어서 미개척지라고 생각했어요. 그리고 제게는 살 만한 땅이 있다는 것과 땅값이 싸다는 것도 굉장히 매력적인 조건이

었죠. 언젠가는 여기에서 뭔가를 하고 싶었으니까요.

그래서 이주를 결정했나요?

본격적으로 이주하기 전에 우선 2009년에 NPO 그린즈 자격으로 숲 속에 집 한 칸을 빌렸어요. 그런데 그 집 바로 앞에 남인도 카레 전문점이 있는 거예요. 이런 시골에 왔는데 현관문을 열면 일 분 만에 맛있는 남인 도 요리를 먹을 수 있다니! 뭐야, 여기 정말 재미있네!라고 생각한 게 기억 나요. 숲속 집 한 칸은 간단하게 말하면 공동 별장 같은 거였어요. "다음 주 토요일, 일요일에 함께 갈 사람?"이라는 기분으로 동료들과 놀러 가거 나 회사에서 개발 합숙을 하거나 하는. 그렇게 일 년 반을 통근하는 사이에 이스미 시에 살아도 좋을 것 같아서 이주를 현실적으로 생각하게 됐지요. 조금 거리는 있지만 도쿄로 통근할 수도 있고 사람도 자연도 풍부하고. 그래서 부동산에 연락해서 강 근처 선착장이 있는 집을 빌려 가족을 데리고 이주했어요.

저서『'원하는 미래'는 내 손으로 만든다』에서는 "살아가는 것 전부를 일하는 것이라고 인식해 가족과의 생활이나 지역과의 관계를 전체적으로 재인식한다"는 것이 얼마나 풍요로운지에 대해 썼지요. 이스미 지역을 시작으로 한 시골 생활에도 그러한 인식이 전체적으로 느껴지는데요, 나오 씨 본인도 이러한 면에 끌렸나요?

네, 물론 그것도 있죠. 지금은 "직장에서 잘리면 융자를 갚을 수 없어"처럼 누구나 불안을 전제로 일하는 사회가 되어버렸죠. 하지만 자신의 생활은 자신이 만든다는 태도로 인생을 다시 구성하면 더 다양한 가능성을 볼 수 있어요. 좋아하는 일을 '작은 장사'라는 형태로 시작해 조금씩 본업으로 만들어 가는 것도 그중 하나지요. 이외에도 먹을 것을 소량 자급자족해보거나, 우리 집처럼 주거지를 고안해 지출을 줄이면서 즐거움을 증대해보거나 하는 것 말이죠. 그렇게 생활을 전체적으로 파악해서 자신의 인생을 되찾아가면 사람은 더욱 행복해지는 게 아닐까 항상 생각해요.

다만 특히 경제가 거대하게 움직이는 도시에 있다 보면 자신에게 무력감을 느끼는 경우가 있죠. 장사도 마찬가지인데 일상적으로 접하는 거대기업의 규모에 압도되어버리면 아무래도 자기도 할 수 있다는 엄두를 내지 못하죠. 그러면 원래 갖고 있던 장사에 대한 상상력도 작동을 멈춰버린다고 생각해요.

하지만 생각해보면 모두 목은 마를 테고 음료를 제공하는 장사라는 것은 기본 중의 기본이잖아요. 지금은 다들 음료수를 살 때 대개 자동판매기나 편의점을 이용하죠? 그런데 가만히 생각해보면 이건 아주 이상한 거예요. 이렇게 사람이 많은데 음료를 제공하는 장사를 하는 개인이 아주 적다는 거.

모두 '내 힘으로는 사회를 변화시킬 수 없어'라고 생각하지만 정말 그건 아니죠. 사실은 일상적으로 누군가가 사회를 변화시키고 있다는 것을 알아차리지 못하는 것일 뿐이에요. 예를 들면 편의점에서 물건을 사는 행위는 지금보다 편의점이 더 많은 사회를 만드는 것에 확실히 가담하는 거잖아요.

하지만 만약 편의점 커피가 아니라 친구가 로스팅한 커피를 사거나 친구가 시작한 주먹밥 가게에서 주먹밥을 산다면 이 행위를 통해 다른 흐름을 의도적으로 만들 수 있어요. 그런 의미에서도 작은 장사는 보다 좋은 사회로 변화시킬 수 있는 상당히 강력한 수단이라고 생각해요. 작은 장사는 작은 장사를 하는 개인의 삶의 방식에만 머물지 않아요.

무엇보다 작은 장사는 글로벌 기업처럼 값싼 재료를 멀리서 대량으로 조달하는 게 아니라 근처에서 매입할 가능성이 높죠? 그것이 음식 재료라면 푸드 마일리지가 낮아지고 환경 부담도 경감돼요. 신선한 재료로 맛있는 음식을 만들 수 있고 재료를 생산한 지역 사람도 기뻐하는 등 여러 가지 장점을 불러와요. 그리고 사람을 고용할 때조차 임금이 가장 싼 곳을 찾아서 거기에 공장을 떡하니 짓는 방식이 아니라 지역 사람을 정직한 금액으로 고용하겠죠. 조달도 고용도 돈도 지역 사람들 사이에서 돌아가게 돼요.

지역 속에서 완결되는 작은 장사는 앞서 언급한 것들을 이어주는 촉매와도 같네요.

자신이 작은 장사를 하지 않는 사람이라도 일상생활 속에서 '작은 장사 소비율'을 높이는 것은 가능하죠. 이것은 사회 생태계를 풍성하게 만드는 데 공헌하는 참가 행위이기도 해요.

그리고 작은 장사는 인간관계도 풍성하게 하죠? 제 경우 머리는 이발소를 하는 지역 친구에게 가서 자르고, 커피도 역시 작은 커피 전문점을 하는 친구에게서 사고, 오두막 설계는 지역 설계자인 친구에게 부탁하는 등 가능한 한 작은 장사 소비율을 높이고 있어요. 그러다 보면 단지 만나서 노는 친구보다도 더욱 관계가 깊어지는 것을 실감할 수 있어요. 하룻밤 집에서 묵을 수 있을 만큼 친해지는 식으로 말이죠. 물건과 서비스와 사람과의 관계를 분리해서 단순히 가성비만 따져서 쇼핑하는 행위로는 친구를 만들 수 없고 풍부한 관계도 생기지 않아요. 거기에는 배움도 없고 지역 활성화도 없고, 이도 저도 아니게 되는 거죠.

오두막집 만들기도 작은 장사도
살아간다는 것을 실감하기 위한 행위

작은 장사는 하는 측뿐만 아니라 손님 측에도 물건과 서비스에만 머물지 않는 전체적인 이익이 파생되는 거네요. 그런데 작은 장사는 도시가 아니라 시골에서 하기 때문에 오히려 가치 있는 부분도 있다고 생각하세요?

시골에서 작은 장사를 할 수 있는 가능성은 무엇보다 창업하기 위한 문턱이 무척 낮다는 데 있어요. 집이 넓어서 공간에 여유가 있으니까 집 한구석에서 시작하는 것도 가능하고 일단 월세가 싼 만큼 채워야 할 매상이 적어도 되고. 그러면 대량으로 판매하지 않아도 되니까 더욱 자유로워서 무척 즐겁고.

이스미 시와 주변 지역이 재미있는 점은 그런 시골적인 측면과 정보가 빠르다는 도시적인 측면 양쪽이 다 있다는 것 아닐까요. 작은 장사를 하는 사람들의 SNS 이용률이 높아서 도시적 감각을 지닌 이주자도 많고. 그런 의미에서 '작은 장사'라는 새로운 개념을 시골에서 실천하기에 보소 이스미 지역은 아주 적합한 장소 같아요.

도쿄에서 당일치기로 다녀올 수 있는 지역을 취재한 적이 있어요. 이주자도 작은 장사를 하는 사람도 아주 많은데 이스미 지역처럼 작은 장사만으로 생계를 꾸리는 사람은 만나지 못했어요. 작은 장사로 살아갈 수 있는지 없는지는 지역성과도 연관이 있는 것 같아요.

제 생각엔 도시까지 매일 통근할 수 있는 거리인지 아닌지가 크게 좌우하는 거 같아요. 이스미 시 주변에는 도쿄에 정기적으로 통근하는 사람이 거의 없죠? 이 근처는 아슬아슬하게 도쿄 경제권 밖에 있는 지역이라고 생각해요.

요컨대 경제적으로는 도시와 분리되어 있으니까 작은 장사를 하는 사람들이 진심을 다할 수밖에 없어요. 그렇게 진정성을 갖고 하니까 장사가 가능한 거고요. 작은 장사라는 건 자신의 손으로 만든 물건의 소박한 가치를 눈앞에 있는 손님에게 팔며 살아가는 원초적인 행위잖아요. 실제로 다들 해보는 것도 좋지 않을까 싶어요.

그러고 보니 이스라엘에는 열아홉 살 정도가 되면 부모님 곁을 떠나서 다른 나라에 작은 장사를 하러 가는 시스템이 있는 모양이에요. 이스라엘인의 네트워크라는 것이 각국에 있어서 젊은 사람들이 그 나라에 가면 "자, 너 이거 팔아"라고 동료에게 가방을 넘겨받는대요. 가방 속에는 팔찌 같은 액세서리나 잡화 등의 상품이 들어 있고 그걸 가지고 바로 팔러 나갈 수 있는 거죠.

어떻게 그런 것을 할까 생각해보니 '살아가는 기본은 장사다'라는 철학이 있기 때문이 아닐까 싶더라고요. 그래서 그런지 그들이 살아가는 힘은 진짜 엄청나요.

인생과 일과 생활을 DIY해 나간다는 기개가 느껴지네요.
DIY 하니까 말인데요, 우리가 기획한 오두막 만들기 DIY 워크숍에 총 170명이나 되는 참가자가 모였어요. 모두 전국에서 비용과 시간을 들여 여기까지 와준 거죠. 실제로 작업이 시작되면 못을 박거나 드릴로 구멍을 내거나 할 때 모두의 표정에서 걱정은 사라지고 정말로 마음 깊은 곳에서부터 나오는 미소가 흘러요. 거기에는 분명 단순히 즐겁다는 느낌만이 아니라 살아가는 힘을 되찾고 있다는 실체적인 느낌이 존재한다고 생각해요.

자신이 사는 집을 만드는 것은 어쩌면 인간이 살아가기 위한 기본적인 행위라고 할 수 있어요. 그래서 그걸 하는 것으로 충실감을 얻고 살아 있다는 걸 실감하게 되는 거죠. 저 자신도 그렇고. 이 오두막 만들기를 장사라는 장르로 전환한 것이 '작은 장사'가 아닐까요. 어느 쪽이나 '살아간다'는 원초적인 행위와 연결되어 있으니까.

풍부한 인간관계, 지역과의 유대, 자신이 하는 일이 다음 세대에 이어진다는 충실감…… 작은 장사에는 그것들이 전부 있어요. 그래서 작은 장사는 포괄적인 행위인 거죠.

『greenz.jp』

http://greenz.jp

"사회 과제를 해결하는 동시에 새로운 가치를 창출하는 획기적인 방법을 만드는 '소셜 디자이너'를 응원"하는 역할을 내건 NPO 법인 그린즈. 그들이 운영하는 웹 매거진은 지역, 삶, 생활방식, 에너지 등을 테마로 한 좋은 아이디어를 취재하고 발신한다. 좋은 아이디어를 통해 사람을 진취적으로 변화시키고 사회를 움직이는 힘을 주는 '공감'을 낳는다.

실은 저도 퍼머컬처perma-culture를 배울 수 있는 게스트 하우스를 이스미 시내에 만들면 좋겠다고 생각하고 있어요. 그게 제가 꿈꾸는 작은 장사죠. 지금 소야 카이 군(229쪽 참조)과 함께 이야기를 진행시키고 있어요. 이외에 여러 사람들과 함께 유기농 인쇄소도 만들고 싶고. 그걸 통해서 제가 지역에 일을 만들어낸다면 그 프로세스 덕분에 다양한 사람들과 친해지는 경험도 소중한 양식糧食이 될 거고요.

물론 NPO 그린즈는 계속할 거예요. 하지만 생활의 반절은 지역 일에 할애하고 싶고 지역과의 관계를 늘려가고 싶어요. 그러기 위해서는 장사가 가장 빠르죠.

자신의 행복을 최대화시키고자 할 때 작은 장사라는 방법은 무척 이용하기 좋은 수단이라고 생각해요.

보소이스미 지역의
마켓 컬처 성립 과정

주말마다 각지에서 다양한 마켓이 열리는 보소이스미 지역. 그 배경에는 자신의 취향대로 부담 없이 마켓을 직접 개최하는 DIY 정신이 있다. 그리고 마켓을 통해 생계를 꾸리는 개성 있는 작은 장사 활동가들을 이끌어주는 토양이 있다. 과거 십수 년에 걸쳐 자라난 서핑 문화와 수도권에 가까운 먹거리, 자연의 보고 같은 관광적인 측면과는 또 다른 '마켓 컬처'라는 뉴웨이브. 그 발단은 1999년경부터 이주자가 증가한 것에 있다. 그로부터 20년 가까이 흘러 재해를 딛고 '제3기'를 맞이한 보소이스미 지역의 마켓 컬처는 지금 크게 꽃피고 있다.

제1기(2007년~)

1999년에 가족을 데리고 이스미 시로 이주한 매크로바이오틱 요리가 나카지마 데코 씨와 남편인 에버넷 브라운 씨. 그들이 오픈한 전원에 둘러싸인 카페와 숙박 시설 〈브라운즈 필드〉는 도쿄 같은 타 지역에 살며 귀농을 지향하는 이주자 예비군에게 이스미 시의 존재를 알리는 계기를 만들었다. 드디어 2007년 나카지마 데코 씨, 빵 가게 〈다루마리〉의 와타나베 씨 부부 등이 중심이 되어 제1회 '내추럴 라이프 마켓'을 개최. 이것이 마켓 문화가 싹트기 시작했다는 의미에서 실질적인 보소이스미 지역 최초의 마켓이다. 2010년 가을 제

5회로 종료한 내추럴 라이프 마켓은 마지막 회에 1백 개의 점포가 출점, 5천 명이 넘는 손님이 모였다고 한다. 유기농이라는 콘셉트를 철저히 추구하고 보소 반도와 그 외에 산재해 있던 개성 있는 가게를 한날한시에 모은 마켓의 성공은 지역에 마켓 문화가 뿌리내리는 첫걸음이 되었다. 또한 그 사이 이스미 시에 NPO '이스미 라이프스타일 연구소'가 2008년에 설립되었다. 이주자를 위한 상담 창구가 되어 일자리를 제공하는 등 사람과 사람을 연결시키면서 곧 작은 장사를 하는 사람들의 정보 인프라 역할을 맡게 되었다.

제2기(2011년~)

동일본 대지진은 보소이스미 지역에도 큰 시련을
안긴 전환점이었다. 재해를 계기로 많은 이주자
가 타 지역으로 떠나거나 지역 전체가 완전히 활
기를 잃었던 2011년 가을, 이주자이자 커피 전문
점 주인인 미즈노 순야 씨가 중심이 되어 '보소 스
타 마켓'을 일으켰다. '우리들이 활기차게 살아가
는 것을 어필합시다!'라는 의도로 시작한 마켓은
개최되자마자 기다렸다는 듯이 지역에 받아들여
졌고 순식간에 호평을 얻었다. 이후 일 년에 두 번
씩 개최하면서 손님은 더욱 늘었고 새로운 마켓을
만드는 사람도 점점 생겨나 마켓 문화는 보소이스
미 지역 사람들 사이에 확실히 뿌리를 내린다. 또
한 제1기의 출점자는 실점포가 있는 가게가 대부
분이었지만 제2기부터는 무점포 형태의 출점자
도 절반 이상을 차지하게 되었다. 손님도 도쿄, 요
코하마 등 먼 지방에 사는 팬보다 지바 현 내 보소
반도의 원주민과 근처에 사는 로컬 손님이 눈에
띄게 늘어난 것도 이 시기의 특징이다.

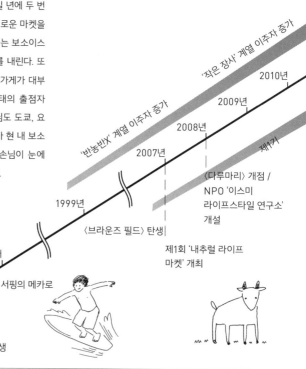

'작은 장사' 계열 이주자 증가

2010년

2009년

2008년

'반농반X' 계열 이주자 증가

2007년

제1기

〈다루마리〉 개점 /
NPO '이스미
라이프스타일 연구소'
개설

1999년

〈브라운즈 필드〉 탄생

제1회 '내추럴 라이프
마켓' 개최

1950년대

서핑의 메카로

1850년

양조장
〈기도이즈미(木戸泉)〉 탄생

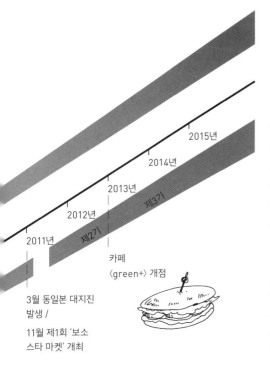

2015년

2014년

2013년

2012년 제3기

2011년 제2기

3월 동일본 대지진
발생 /

11월 제1회 '보소
스타 마켓' 개최

카페
〈green+〉 개점

제3기(2013년경~)

2015년 11월 미즈노 씨는 보소 스타 마켓을 일단
종료했다. 각지에서 다양한 사람들이 마켓을 개최
하는 '마켓 부흥기'를 맞이하며 지역에 활기를 되
찾겠다는 초기의 역할은 달성했다고 생각했기 때
문이다. 예를 들어 2007년 내추럴 라이프 마켓을
만드는 데 참가한 이치바 아키코 씨는 2011년부
터 '나기사海 파머스 마켓'의 운영에 관여하고 있
고 또한 2015년 2월부터 자신이 고안해서 시작
한 '보소 빵 페스티벌 빵가나이트'는 인기 있는 이
벤트로 성장해 2016년 6월까지 1년 4개월 동안
다섯 번이나 열렸다. 마크라메 공예가인 세키타
히로아키 씨처럼 마켓을 직접 주최하는 작은 장사
활동가들도 적지 않다. 2010년에 이스미 시로 이
주한 웹 매거진 『greenz.jp』의 편집장 스즈키 나
오 씨처럼 인터넷 소통에 강한 사람이 이스미 시
에 정착, 2013년에 개점한 이주자 교류의 장이기
도 한 카페 〈green+〉 오픈 등 마켓 문화를 둘러
싼 이주자 환경이 급속도로 정비되는 순풍도 불고
있다. 마켓이 늘어나면 '마켓 간 경쟁'도 격화되므
로 운영자도 출점자도 더욱 노력하게 된다. 또한
모객력이 좋은 마켓은 기획력, 운영력을 나날이
숙련시키는 동기를 얻는다.

'작은 장사'로
생계와 돈은?

정말로 '작은 장사'만 해서 살 수 있을까? 그리고 수입이 불안정한 작은 장사를 '좋다'는 이유만으로 왜 지속할 수 있는 것일까? 보소이스미 지역에서 마켓 출점을 주된 판로로 두는 작은 장사 활동가들 중에 극히 일부인 스무 명(우리 부부 두 명 포함)에게 작은 장사로 생계를 잇는 실상을 설문 조사했다. 그 결과 독신자는 작은 장사만 하며 사는 사람이 많고, 부부인 경우 둘이서 작은 장사를 함께 운영하는 경우는 지극히 적다는 것을 알 수 있었다. 이것은 각자 '자신이 좋아하는 것'을 장사로 꾸리고 결혼 후에도 독자적으로 지속하는 경우가 많기 때문이다. 또한 매상이 많고 적음에 상관없이 누구나 자신이 하는 장사에 진지하게 몰두하고 그것에 기쁨을 느끼면서 손님과 동료와의 관계를 보물처럼 여기는 것이 인상적이었다. 설문 조사에 협력해준 모두에게 감사를!

연령층

30대 후반부터 40대 전반이
가장 많음

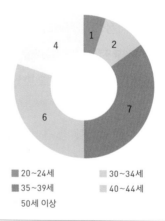

■ 20~24세   ■ 30~34세
■ 35~39세   ■ 40~44세
50세 이상

가족 구성

90퍼센트가 가족 있음

보소이스미 지역의 작은 장사 활동가들이 갖는 특징은 이주자의 비율이 높다는 것과 본격적으로 장사를 해서 생계를 잇는다는 것. 사회 경험이 긴 30대 후반부터 40대 전반이 가장 많고 아이가 있는 사람도 거의 절반에 달한다.

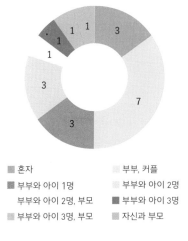

■ 혼자 　　　　　　　　　■ 부부, 커플
■ 부부와 아이 1명 　　　■ 부부와 아이 2명
　 부부와 아이 2명, 부모 ■ 부부와 아이 3명
■ 부부와 아이 3명, 부모 ■ 자신과 부모

부업 유무

절반은 작은 장사뿐

정확히 반반의 결과. 부업 내용은 절반이 토건업 아르바이트, 인터넷 계열, 약간의 라이브 연주(본래 뮤지션) 등 풀타임이 아닌 그때그때 하는 정도. 본업이 있거나 매일 많은 시간을 들여 아르바이트를 하는 사람은 세 명 정도. 나머지는 불분명하지만 작은 장사를 중심에 두고 모자라는 부분을 부업으로 채우는 경우가 많다. 정서적인 면에서는 작은 장사를 일의 중심에 둘 정도로 잘 꾸려가는 경향이 있는 한편 원한다면 아르바이트를 찾을 수 있는 환경인 것도 확실한 안도감을 주고 있다.

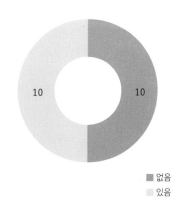

■ 없음
　 있음

연간 매상

200만 엔대 이상이라면
먹고살 수 있다!?

연매상은 '200만 엔대' 이상이 절반. 여기에서 경비를 제외한다고 해도 보소이스미 지역에서는 한 사람당 약 200만 엔(매월 17만 엔 정도)의 연수입이 있으면 월세와 광열비 등도 포함해 검소하게 살아가는 것이 가능하다. 이 수입과 지출의 절묘한 균형이 작은 장사를 지속 가능하게 만든다.

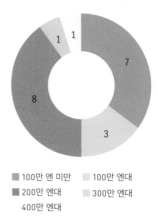

- ■ 100만 엔 미만
- ■ 200만 엔대
- 400만 엔대
- ▨ 100만 엔대
- ▨ 300만 엔대

작은 장사를 시작하고 가장 변화한 것 (자유 기입)

'사람과의 관계' 빈도가 많아지고 밀도가 생겼다

'많은 사람과 만날 수 있었다', '사람과의 관계가 단연 늘었다', '친구, 지인이 늘고 지역과의 유대도 커졌다'…… 이런 종류의 회답이 가장 많았다. 마켓 출점을 중심으로 작은 장사를 하는 이들의 '사람과의 관계'는 일반 회사원 등과 비교할 수 없을 정도로 늘어난다. 또한 장사와 생활에 진지하게 관련된 관계인 만큼 밀도도 높아진다.

'자신의 생활방식이 제작물에 영향을 끼치기에 하루하루 생활을 소중히 여기게 되었다', '생활이 즐겁고 두근거리는 일이 많아졌다', '돈의 무게와 가치를 다시 느끼게 되었다'…….

자신의 손으로 납득이 가는 상품을 만들어 Face to Face로 손님에게 전달하는 긴장감과 그러하기에 느낄 수 있는 근원적인 즐거움과 기쁨. 힘들 때도 많지만 작은 장사를 지속하는 이유는 이러한 정신적 충족감도 매우 큰 것 같다.

현재 생활에 만족하고 있는 것, 불만인 것 (자유 기입)

좋아하는 일로 살아가기 위해 장사한다

<만족>

'만들기에 몰두하는 시간이 많아진 것', '하고 싶은 것을 할 수 있는 시간 여유가 생긴 것', '토·일요일 출점 등으로 평일에 시간이 있는 것', '아이들/가족과의 시간을 가질 수 있는 것', '수입은 적지만 마음에 여유가 생기고 밭일을 통해 자연과 접할 수 있는 것'……. 좋아하는 일(만들기)을 하며 살아가기 위해 이주를 하고 작은 장사를 시작한 활동가들. 예상대로 만족하고 있다는 답변이 눈에 띄었다. 가족과의 시간이 늘었다, 마음에 여유가 생겼다 등의 효과도 실감하고 있다.

<불만>

'더욱 수입을 올리고 싶다', '연금과 건강보험료가 너무 높은 것', '(실물을 보고 사고 싶기 때문에) 재료 구입이 불편한 것', '토·일요일 출점이라서 가족과 놀러 갈 수 있는 시간이 적은 것'……. 특히 회사원이었던 사람은 이전과 비교해서 수입이 불안정한 것과 자영업자의 보험료가 높은 것에 직면하는 경우도 있다. 또한 마켓 출점은 토·일요일이 중심이기 때문에 학교에 다니는 아이들과 휴일이 맞지 않는다. '아이들이 더 크면 출점하는 데 따라오지 않을 것 같다'고 걱정하는 사람도 있다.

<그 외>

'불만은 없다', '거의 만족. 불만이 있다면 직접 움직여서 해결하겠다', '부족한 것을 불만으로 생각하지 않도록 마음먹고 있다'……. 이번에 인터뷰를 하거나 사적으로 이야기를 나눈 활동가들로부터, 그리고 설문 조사의 행간에서도 느껴지는 것은 일종의 각오다. 도시와 비교해서 불안한 것도 회사 근무에 비해서 수입이 불안정한 것도 당연, 이미 예상하고 있었다. 이들은 그런 것들을 받아들이고 좋아하는 일을 하며 삶을 정직하게 마주하고, 장사한다.

3장

확장하는
'Do It Yourself'

의·식·주, 일, 축제, 인간관계, 지역, 사회. 직접 만들 수 없는 것이란 실은 이 세상에 없다. 작은 장사로 시작하는 자유로운 생활방식, 삶의 방식은 기성품과 기성의 일을 점차 뛰어넘고 있다.

DIY 정신과 커뮤니티

보소이스미 지역에 작은 장사 문화를 뿌리내리게 한 일등공신은, 없다면 직접 만들겠다는 DIY 정신에 있다. DIY 정신은 질 좋은 상품과 유기농 가공식품 그리고 마켓을 만들었고 그 결과물로 작은 경제 권역을 탄생시켰다.

DIY 정신이 만들어내는 것은 물건과 경제 권역뿐만이 아니다.

어느 날 "이 근처에 셰어 하우스가 있나요?"라고 질문하는 이주 희망자에게 "없는데 직접 해보면 어때요?"라고 지역 사람이 대답한 적이 있었다. 자신에게 딱 맞는 물건이나 일이 없으면 "내가 만들어보겠다", "내가 해보겠다"는 것이다. 만들어진 기성품만 사용하는 소비자 역할에 익숙하다면, 이런 자세는 신선하게 느껴질 것이다.

이곳에는 현재 여러 개의 셰어 하우스가 있는데 이것도 시초를 따져보면 셰어 하우스 같은 것을 필요로 하는 사람이 이미 있는 것 중에서 고

르는 범주를 뛰어넘어 자신이 생각하는 이상적인 형태에 더 가까운 것을 직접 만들기로 선택한 결과일 것이다.

작은 장사를 하는 사람들은 회사원처럼 고정된 정규 수입이 없기에 옆에서 볼 땐 다소 위태로운 생활을 하는 것처럼 보인다. 하지만 머리와 손을 움직이고 노력하면서 일과 생활을 처음부터 만들어 나가는 자세에서 근원적이고 강한 생명력을 느낄 수 있다.

'DIY'는 '자립'과 통할 것이다. DIY 정신이란 일이 주어지기를 기다리거나 타협하지 않고 스스로 모든 것을 만들어내려는 의지다.

양육의 장을 만든다

2014년 말부터 시작된 '숲 유치원 이스밋코いすみっこ'는 유치원 건물도, 보육교사 자격증을 가진 선생님도 없는 자주보육 활동이다. '숲 유치원'이란 엄마들이 자주적으로 만들어가는 자연육아 서클로 요 몇 년간 전국적으로 확산되고 있다.

활동은 자유공간으로 이용하고 있는 고민가와 숲을 활용해 월 4회 진행된다. 흙투성이가 되어 밭에 식물을 심거나 논일을 하고 매실을 수확해서 매실 장아찌를 만들거나 아로마 오일로 벌레기피제를 만드는 등 계절에 따라 부모와 아이가 하나가 되어 자연과 뛰어논다.

"아이를 낳은 후에 자연 속에서 육아를 할 수 있는 장소가 있으면 좋겠다고 생각했어요. 그때 전국에 몇 개밖에 없는 '숲 유치원'의 존재를 알게 되었고 '없으면 만들자'는 생각으로 시작했죠. 교육의 자급자족인 셈이에요.(웃음) 가장 중요한 목적은 아이를 야외에서 놀게 하는 것이지만 걸어서 갈 수 있는 범위 안에 같은 연령대 아이들이 거의 없었기 때문에 아이들끼리 모여서 놀게 하려는 이유도 있었어요"라고 말하는 '이스밋코' 대표 온다 아키코御田亜季子 씨.

회원은 입소문과 지인 소개로 모인 여섯 살까지의 아이 서른 명을 포함해 엄마와 아이가 짝을 이룬 스물세 그룹으로 구성되어 있다. 일반 보육원에 다니면서 '이스밋코'에 참가하는 아이도 있다. 이스미 시내뿐만 아니라 근처 시정촌에서도 입회하고 싶다는 문의가 많지만, 숲속에서 아이들

을 보살필 수 있는 인원에는 한계가 있으므로 이 이상은 늘릴 수 없다고 한다.

그래서 온다 씨는 '숲 유치원 만드는 방법을 가르치는 모임'을 개최했다. 그러자 순식간에 근처에 여섯 개의 '숲 유치원'이 탄생했고 지금은 서로 왕래하며 함께 노는 날도 있다고 한다.

"앞으로는 자주보육 학교판으로 '소토보外房◆ 서드베리 스쿨◆'을 만들고 싶어서 동료와 함께 준비하고 있어요. '숲 유치원'을 졸업한 후의 선택지도 열어두고 싶거든요."

◀ '숲 유치원 이스밋코'
facebook.com/isumicco/

● 지바 현 남부, 보소 반도의 태평양 연안 지역을 가리킨다.

◆ 일반 학교와는 다른 교육 형태를 취하는 대안학교. 미국 보스턴에 있는 'Sudbury Valley School'이 모델로 세계에 널리 퍼져 있다.(저자 주)

간장을 만든다

보소이스미 지역에는 쌀이나 채소를 직접 키워보는 등 먹거리를 자기 손으로 만드는 것에 관심이 있는 이주자가 많다. 조미료도 마찬가지로 누룩과 된장, 간장을 직접 만드는 사람들도 있다.

특히 '나만의 간장' 담그기는 결코 경제적으로 저렴하지 않고 성가신 일이 많음에도 불구하고 이스미 시, 오타키 정, 모바라 시, 시라코 정 등에 여러 '간장 담그기 모임'이 있다. 각 모임의 회원 수는 적게는 몇 명에서 많게는 50명 정도이다. 호기심으로 시작한 일반인들이 대부분이지만 "많은 양을 만들면 좋은 간장을 사는 것보다 싸게 들고 손님이 귀하게 여겨준다"는 이유로 참가하는 음식업 종사자도 있다.

'준비'는 2월부터 4월경까지 아직 추운 시기. 대두, 밀가루로 만든 간장 누룩, 소금, 물을 계량해서 잘 섞고 나무통에 넣는다. 준비 작업은 고작 이것뿐. 다음은 각자 거르지 않은 이 간장을 자택으로 가져가 정기적으로 겉과 속이 잘 섞이도록 저어서 발효를 촉진한다. 약 일 년 후인 2월경 다시 모두 모여서 '간장 거르기'를 한다. 애정이 가득 담긴 갓 걸러낸 생간장을 맛보는 순간이 클라이맥스다.

간장 거르기에는 '후네ㅐ'(술을 거르는 나무통)라고 불리는 목제 기구가 필요한데 후네를 모임 안에서 서로 돌려쓰거나 자기 후네를 갖기 위해 회비를 모으는 경우도 있다. 그런 것을 결정하는 회합이나 준비, 거르는 작업 등을 하려고 갖는 모임 자리가 회원들을 즐겁게 한다.

1	2	
3	4	5
6		

1 준비가 끝난 간장은 통풍이 잘 되는 장소에 둔다.

2 정기적으로 저어서 발효를 촉진시킨다.

3 준비가 끝나고 약 일 년 후 간장을 거르기 위해 한자리에 모인다.

4 농도 조절을 위해 장작을 지펴서 물을 데운다.

5 후네를 이용해서 천천히 거른다.

6 각자 병에 담는다. 이때 다 함께 고명 없이 국수만 만 스우동^{素うどん}을 즐기기도 한다.

지역통화를 만든다

지역통화란 한정된 지역에서만 사용할 수 있는, 일본 화폐가 아닌 돈을 말한다. 보소이스미 지역에서는 '마이*'라는 지역통화가 2016년에 탄생해 마켓 개최 시 당번에게 지불되거나 반려견을 일시적으로 맡길 때의 대금, 라이브 이벤트 입장료 등으로 일부 이용되고 있다. 이 지역통화는 일본 화폐와는 호환성이 없다. 또한 통장 기입식으로 거래가 기록되지만 이 숫자 자체에도 거의 의미는 없다. 왜냐하면 사람 간의 관계 만들기가 '마이'의 가장 큰 목적이기 때문이다.

지역통화에 참가하는 신규 멤버는 기존 멤버와 '할 수 있는 것 리스트, 해줬으면 하는 것 리스트'를 공유한다. 도움 받기를 원하는 사람은 멤버 리스트에서 협력자를 모으고, 조건에 맞는 사람이 손을 들어 노력과 물질을 제공하는 것이 기본적인 구조다. 또한 거래는 지역통화만으로 채우지 않아도 된다. '당번 2시간은 800엔+800마이', '이벤트 때 주차장 안내 4시간은 2,000마이+상품권 2,000엔어치' 등 실제로 사용할 수 있는 화폐나 상품권을 조합하는 경우도 많다.

매월 행하는 멤버 모임에서는 서로 나누고 싶은 것들을 가져와 교환회도 개최한다. 지역통화는 지역 내의 관계 테두리를 넓히고 일상생활을 풍성하게 만들기 위한 방책이다.

▶ 이스미 시에서 발행한 지역통화 '마이'
https://www.facebook.com/isumilocalcurrency/

1 지역통화를 앞서 도입한 지역에서 강사를 초대해 워크숍을 여는 모습. 지역통화 '마이'는 이곳에서부터 시작되었다.

2 거래를 기록한 '장부'. 누구와 어떤 것을 나눴는지를 살펴보는 것도 즐겁다.

작은 장사 활동가들을 잇는
허브

작은 장사가 이루어지는 장소는 마켓뿐만 아니라 카페 등 실점포로도 확대되고 있다. 이러한 장소는 장사뿐만 아니라 작은 장사 활동가들이 일상적으로 정보를 교환하는 허브(접속 장치) 같은 역할도 맡으면서 작은 장사 문화를 지탱해준다.

아이디어 × 리얼 허브
⟨green+⟩(그린 플러스)

산과 밭을 한눈에 바라볼 수 있는 곳에 위치한 매크로바이오틱 카페 ⟨green+⟩. 2013년에 이주자 부부가 오픈했다. 2층 건물의 1층은 통상 주중 후반 사흘간 영업하는 카페이고, 2층은 월 단위로 바뀌는 전시 갤러리다. 카페의 평일 정기휴일에는 요가교실, 영어회화교실, 밭갈기 강좌, 일일

카페 등 다양한 이벤트 장소로 대여하는 경우도 많다.

어떤 날은 근처 커피 전문점 〈허그(HUG)〉가 무점포 오키나와 소바 가게 〈유이結〉와 유닛이 되어 일일카페를 하고 동시에 2층에서는 지우개 도장 〈kanoco〉의 전시회와 워크숍이 개최되거나 한다. 이곳은 이러한 일일 한정 팝업 점포를 흥미로워하는 손님들이 "다음엔 〈green+〉에 뭐가 있을까?" 하고 기대하게 되는 장소로 자리 잡았다.

"대여 공간이라기보다는 주위에서 열심히 사는 사람들을 응원하고 싶어서 자유롭게 사용할 수 있게 하는 거죠. 다양한 사람들이 와주셔서 우리도 즐겁고 더불어 지금까지 카페의 존재를 몰랐던 사람들이 이곳을 알게 되면 좋으니까요"라고 말하는 주인 온다 가쓰요시 씨.

온다 씨는 때로 카페 앞마당에서 중간 규모의 마켓을 직접 개최하기도 하고 '이자카야'라고 이름을 붙인 후 야간에 닭꼬치 가게와 컬래버레이션으로 술과 요리를 내기도 한다. 게다가 주말 운영일에 카페를 임시 휴업하고 직접 마켓에 출점하는 경우도 적지 않다. 사람 간의 왕래를 촉진시키고 함께 어울리는 것으로 새로운 계기를 만드는 장소가 존재한다는 점은 작은 장사 문화의 중요한 토대다.

http://greenplus-boso.com/

산촌 사람 × 어촌 사람 허브
〈PORT of CALL〉 다이토 비치

　일본 굴지의 서핑 도장道場이라고 불리는 구주쿠리九十九里 해변 다이토 비치 바로 근처에 위치한 라이프스타일 매장. 주인은 지역 출신의 프로 서퍼인 기미즈카 도모노리君塚友規 씨다. 그가 서빙하는 뉴욕 스타일의 피자와 커피를 맛보기 위해 서퍼와 라이더들이 가게로 모여든다.

　가게 앞은 시즌마다 '다이토 해풍 마켓Taito 海風 Market'이 개최된다. 약 열 개의 점포가 출점하는 작은 규모이지만 유기농을 추구하는 사람들과

서퍼 고객이 한데 섞여 성황을 이룬다. 또한 매장 자체가 지나다 들르기 좋은 국도에 면하고 있어서 차로 가볍게 방문하는 손님들도 적지 않다.

"시작했을 때는 이렇게 잘 될 거라고 생각하지 않았어요. 마켓은 보통 때와는 다른 손님도 많이 오시니까 즐거워요"라고 말하는 기미즈카 씨의 얼굴에 웃음이 감돈다.

원주민 × 신주민 허브
NPO 법인 '이스미 라이프스타일 연구소'

이스미 시를 중심으로 마을 조성 사업을 하고, 이주자가 빨리 자리 잡을 수 있도록 지역민과 이주민을 이어주는 활동에 힘을 쏟는 통칭 '이라연'. 보소이스미 지역의 마켓 관계자와도 친분이 돈독한 단체다.

폐원한 보육원 건물과 정원을 이용해 '이스미 라이프 마켓 in 치마치' 를 2012년부터 매월 1회 개최하고 있다. 약 20개의 점포가 출점하고 하루에 2백~4백 명의 손님이 방문한다. 수영장, 운동회, 미로, 구슬 넣기, 나가시소멘● 등 아이들을 대상으로 한 이벤트를 기획해서 가족 단위의 내방객을 늘렸고 광고 전단지를 시내 보육원에 배부하는 등 손님을 모으는 일도 착실히 하고 있다.

"근처에서 마켓이 자주 열리기 시작했어요. 그래서 출점자들을 지원하면 좋겠다고 생각했지요. 원래 보육원이던 지역색이 강한 장소에서 지역 사람들과 이주자 출신이 많은 출점자들을 이어주려는 목적도 있었고요"라고 이사장인 다카하라 가즈에^{高原和江} 씨가 '이라연'을 시작한 이유를 말한다.

마켓에서는 "아이도 사회 공부 삼아 비즈니스 감각을 키우는 데 도움이 되면" 좋을 듯해서 "아이들 작은 장사"를 시험적으로 시작했다. 캐리커처 등 아이들도 할 수 있는 '장사'로 판매의 즐거움과 어려움 그리고 스스로 번 돈을 사용하는 기쁨을 배울 수 있는 기

● 반쪽으로 자른 대나무를 이용해 그 속에 물이 흐르도록 하고 그곳에 삶은 소면을 띄워 흐르는 소면을 젓가락으로 집어 쓰유에 찍어 먹는다. 여름에는 나가시소멘 집어 먹기 게임을 하는 경우가 많다.

<table>
<tr><td colspan="2">1</td></tr>
<tr><td>1</td><td>2</td></tr>
</table>

1 보육원에서 월 1회 개최되는 '이스미 라이프 마켓 in 치마치'.

2 한 상점가 모퉁이에서 시작된 '어르신 마트'.

회를 만들고 있다. 근처에 사는 어르신들이 "내가 사는 마을에는 마켓이 없어서 출점해보고 싶다"거나 "마켓이 열린다니 뭔가 만들어볼게" 같은 문의나 연락을 주는 등 삶을 보람차게 보내는 데에도 공헌하며 폭넓은 연령층에 스며들고 있다.

2016년에는 쇠퇴한 상점가의 빈 점포에 커뮤니티 공간인 '어르신 마트'를 만들었다. 출점자를 모아서 주말뿐만 아니라 평일에도 성실히 영업하고 있다.

"상점가는 고령화가 진행되는 지역에 사는 노인이 외출하는 계기도 돼요. 지금까지와는 다른 연령층의 출점자를 만나 그들의 멋진 상품을 알게 되는 것은 양쪽에 다 좋은 일이죠."

보소이스미 지역 마켓은 주말에 위치가 좋은 교외에서 열리는 경우가 많기 때문에 평일의 상점가라는 일상 공간은 출점자의 상품과 워크숍이 좀 더 지역에 뿌리내리는 콘텐츠가 될 수도 있을 것 같다.

크라우드 펀딩*을 이용해 '어르신 마트'의 광고 자금을 모으는 등 정력적으로 활동을 지속하는 '이라연'. 상담을 통해 적절한 사람을 소개하는 등 지역에서 무언가를 시작하려는 사람에게 든든한 상담 창구가 되어준다.

http://www.isumi-style.com/

● crowd funding, 경제 소셜 네트워크 서비스나 인터넷을 통해 불특정 개인들로부터 재원을 모으는 방식.

암흑의 숲속에서 펼쳐지는
'포레스트 잼 Forest Jam'

그곳은 사위가 암흑으로 둘러싸인 공간. 시각에 의지할 수 없게 되면 청각은 예민해진다. 완만한 산길을 따라 소리 나는 쪽으로 걸어 들어가면 드디어 아득한 오렌지빛과 함께 사람들의 왁자한 웃음소리, 이야기 소리가 선명해진다. 그리고 라이브 공연이 시작된다.

완전히 숲속에 있다. 백 명이 채 안 되는 손님들 중엔 외국인과 서퍼가 반반에 그 외의 사람이 조금 있는 정도. 일본어보다 영어가 더 많이 들린다. 이 작은 야외 페스티벌의 이름은 '포레스트 잼'. 부정기적이긴 해도 거의 매월 개최되고 있지만 이 라이브 공연의 존재는 지역 주민들에겐 별로 알려지지 않았다. 그렇지만 어느 정도 음악을 좋아한다고 자부하는 이들에게는 전국적으로 알려진 중요한 이벤트다. 왜냐하면 여기에서 연주하는 뮤지션은 대부분 각지의 음악 페스티벌에 자주 얼굴을 내미는 사람들이기 때문이다. 언제나 더 좋은 음악에 목마른 음악 팬은 "거기에 가면 좋은 음악을 들을 수 있다"는 걸 알고는 밤하늘의 경계조차 알 수 없는 암흑의 숲으로 향한다. 사정을 모르는 사람은 이런 세계가 펼쳐지고 있다는 것을 상상조차 못 할 것이다.

개최장은 이스미 시내에 위치한 약 2만 평 규모의 'Nakadaki Art Village'의 카페 야외 스테이지. 크리에이터들이 직접 지은 카페나 주거 시설, 숙박 시설이 있고 예전부터 외국인들의 별장으로 이용된 추억의 장소로 지금도 외국인이 많이 산다.

주최자는 유명 밴드의 스타일리스트 경력을 갖고 있다. 같은 경지에서 몇 년마다 개최하는 대규모 캠핑 페스티벌 'Forest Jam Grande'에 모이는 사람들은 약 8백 명까지 늘었다고 한다.

밤이 이슥하자 술과 음악과 숲의 기운이 한데 섞여 분위기가 후끈 달아오른다. DJ가 덥 Dub 음악 (자메이카 음악의 한 종류)의 잔향음을 리버브로 증폭하면 환상적인 느낌은 드디어 절정에 이른다. 문득 올려다보면 담배 연기 너머로 어렴풋이 달이 보인다.

Forest Jam
http://forestjam.net/

논 너머 숲속 깊은 곳에서 음악이 연주되고 있다.

불빛에 의지해 입구에 다다른다.

개최 장소인 '아시안 카페 식당 ChanaLeaf'의
마스코트인 염소가 환영해준다.

손님은 인종도 연령도 가지각색.

어느 초여름의 포레스트 잼. 클럽에서 인기 있는
삼인조 밴드 크로마뇽(cro-magnon)의 무대.

아시아 잡화 매장도 출점.

작은 장사를 하는 사람은 표현하는 자
그래서 독특한 사람이 많은 마을에서 번성한다

『Spectator』 편집·발행인
아오노 도시미쓰青野利光

1967년 이바라키 현 출생. 대학을 졸업하고 2년간 상사에서 근무한 후 1992년 인디 매거진 『Bar-f-Out!』(바프아웃)을 야마자키 지로山崎二郎, 기타자와 나쓰오北沢夏音와 함께 창간. TCRC 설립. 1999년 『Spectator(스펙테이터)』 창간. 2001년 (유)에디트리얼·디파트먼트를 설립. 2011년 편집부를 나가노 시로 옮김.

일하는 방식과 작은 장사까지도 특집 테마로 다루는 서브컬처 잡지 『Spectator』. 간행 목적은 "하나의 장르를 고집하지 않고 지구상의 다양한 장소에 발을 들여 궁금한 사람과 이야기를 나누고 체험할 수 있는 것은 전부 시도해본다. 그렇게 손으로 체득한 감각을 꾸미지 않은 언어로 자유롭게 표현하는 존재이고 싶다"는 것. 2013년에 처음으로 '작은 장사'를 특집으로 다루었고 2015년에는 다시금 '포틀랜드의 작은 장사'를 특집으로 꾸미며 '작은 장사小商い(고아키나이)'라는 언어를 사회에 새롭게 침투시켰다.

잡지 만들기에 관여하고 있는 사람은 편집장 아오노 씨를 포함해 불과 세 명. 진정 '고아키나이'를 하는 출판사다. '현대 사회에서 작은 장사란 무엇인가?'를 아오노 씨에게 물었다.

'일이란 도대체 무엇인가'를 탐구하고 싶었다

『Spectator』는 지금까지 철학적인 것, 생활과 일하는 방식, 젠禪과 전신 관리 body treatment라는 심신 건강 등을 특집 테마로 다뤄왔습니다. '작은 장사'는 어떤 흐름에서 나온 테마였나요?

'작은 장사'를 특집으로 다루기 전인 2010년에 'WORKING! 재고再考하지 않고, 취직하지 않고 산다는 것은'이라는 일하기 방식에 관한 특집을 낸 것이 첫 계기였어요. 혼자서 장사를 시작한 사람들에게 직업관과 인생관, 라이프 히스토리를 인터뷰했는데 평판이 꽤 좋았어요. 옛날에 『취직하지 않고 산다는 것은』(쇼분샤, 1981년 발간)*이라는 책이 있었는데 알고 있어요?

레이먼드 멍고Raymond Mungo라는 사람이 썼는데 지금도 자주 헌책방에서 1백 엔 정도에 팔리고 있어요. 이 책은 히피 같은 생활을 하는 저자가 시애틀에서 출판사 겸 책방을 해본 경험과, 일이란 무엇일까를 테마로

● 원서는 *Cosmic Profit: How to Make Money Without Doing Time*(Atlantic Little Brown; Boston, 1980)이다.

여러 사람을 만나 취재한 것을 르포 형식으로 정리한 거예요. 하지만 실제로는 읽어도 무슨 말인지 잘 알 수 없어요.(웃음) 그렇지만 무엇보다 타이틀이 매력적이죠. 모두가 "나도 가능할까? 그걸 위한 힌트가 씌어 있는 걸까?"라고 생각하게 되니까요.

그런데 내용은 'How to'가 아니에요. 영어 원서의 제목은 'Cosmic Profit', 즉 '원초적인 이익'이란 뜻이죠. 요약하자면 일이란 무엇일까, 돈을 버는 목적 이외에 어떤 좋은 것이 있을까를 묻는 거예요.

레이먼드 멍고 자신도 이런저런 실패를 겪고 나서 일이 인생 그 자체, 삶 그 자체라고 느끼게 되었죠. 요컨대 그는 동시대를 살아가는 사람들이 생각하는 일에 대한 사고방식을 탐구하고 싶었던 거예요.

당시 작은 장사, 마이크로 비즈니스를 하고 있는 사람들의 실제 사례와 사고방식이 담겨 있어서 나에겐 꽤 소중한 책이라, 대학생 때부터 오랫동안 '내 마음속의 한 권'으로 여기고 있죠.

그것이 2010년 『Spectator』의 일하기 방식 특집으로 이어진 거군요.

네. 그리고 스터즈 터클Studs Terkel이라는 저자가 여러 사람들에게 일이란 무엇인지를 묻고 쓴 『WORKING!』(일본 번역서는 『仕事!』, 쇼분샤, 1983년 발간, 현재 절판)이라는 명저가 있어요. 그래서 이 두 개를 그대로 묶어서 'WORKING! 재고하지 않고, 취직하지 않고 산다는 것은'이라는 타이틀을 붙이고 우리 나름대로 일본판을 만들어본 것이죠.

어떻게 살아가야 하는지, 무엇을 위해서 지금의 일을 하는지 이야기

를 들어보고, 일이란 도대체 무엇
인지 제 스스로 결론을 찾아보고
싶었던 거지요. 최종적으로는 역
시 '일=삶'이라는 공식이 아무래
도 만들어졌던 것 같아요.

　그리고 2013년. 동일본 대지
진을 겪은 지 2년이 지났고 세상
분위기도 꽤 변했어요. 마이크로적인 장사, 지금 이스미 지역에서 행해지
는 스타일로 일하는 사람들이 드문드문 나오기 시작했지요. 그래서 그런
사람들과 한 번쯤 같은 처지가 되어 취재해보면 어떨까 싶어서 '작은 장사
(고아키나이)'라는 특집을 꾸렸어요.

　초기에는 마이크로 비즈니스나 스몰 잡small job 같은 다른 단어도 후
보에 올랐지만 '작은 장사(고아키나이)'는 쇼와 시대* 느낌도 나고 지금은 꽁
초 줍기(피우고 버려진 담배꽁초를 주워 파는 일)를 하는 사람은 없지만 다른 면
에서 당시와 통하는 뭔가가 이 시대에도 있지 않을까 해서 이 단어를 선택
했어요.

　'WORKING! 재고하지 않고, 취직하지 않고 산다는 것은'은 일하기에 관한 전부
　를 포괄하는 특집이었지요. 그런데 왜 그다음에는 '작은 장사'라는 작게 하는 장

●　昭和, 히로히토 일왕 시대의 연호(1926~1989년).

사로 범위를 좁힌 건가요?

사람과 사람, Face to Face 식의 장사를 하고 있는 사람이 늘어나고 있다는 점이 흥미로웠고 지금 이 시대와도 어울린다는 느낌이 들어서예요. 얼굴을 보고 직접 소통하면서 파는 게 장사의 본질이라는 분위기도 있었던 것 같고요. 인터넷 판매는 좀 '업자' 같잖아요.

작은 장사를 하는 사람은 '표현하는 자'라고 생각해요. 자기만의 센스로 가게를 꾸미거나, 나무를 골라서 색을 칠하는 것도 자신을 표현하는 것이니까요. 돈을 버는 것만이 목적은 아니라는 사람도 많아요. 사람과 소통하는 게 하나의 목적이기도 하고요. 제대로 해나가면서도 뭔가 자신이 즐기는 부분을 소중히 여기는 분위기가 있지 않나 생각해요.

포틀랜드 이면에 있는 현실

그로부터 2년 후에는 '포틀랜드의 작은 장사'를 특집으로 다루셨지요.

이것도 포틀랜드에서 작은 장사를 하고 있는 사람들의 속내, 현실을 들어보고 싶어서 기획했어요. 포틀랜드는 이미 2009년경에 특집으로 한 번 다룬 적이 있었죠. 당시는 리먼 쇼크*를 겪은 바로 직후였어요. 마을에 젊은 홈리스도 있어서 정말 충격적이었던 게 기억나요.

● 미국의 서브프라임 모기지 사태로 인해 미국의 투자은행인 리먼 브라더스가 파산 신청하면서 글로벌 금융위기가 도래한 사건.

모두 놀랄 테지만 포틀랜드에도 홈리스가 아주 많아요. 먹을 게 없어서 굶는 사람이나 거리에서 자고 있는 녀석도 많고요. 그런데 일반 잡지에서 다루는 포틀랜드 특집에서는 "근사하다, 멋지다, 센스 있다"라고만 쓰니까 좀 위화감이 들었어요.

장사를 하는 사람이라면 그들도 모두 같은 고민을 품고 있을 거예요. 머리를 조아리고 돈을 빌리고 하는 사람도 반드시 있지요. '멋지다'만 있는 게 아니죠. 그래서 위조품이 아닌 그 이면에 있는 현실의 언어를 주우러 가고 싶었어요. 그런 것을 알게 되면 읽는 사람도 "우리랑 다르지 않잖아"라는 자신감이 생기지 않을까란 생각으로요.

그래서 '포틀랜드의 작은 장사'에서 취재한 건 큰 자본과 연결된 곳이 아니라 자신이 가진 돈으로 독립한 오너가 직접 장사하고 있는 곳들이에요. '블루보틀 커피'◆ 같은 건 뒤에 커다란 '쩐'이 움직이는 분위기니까 그런 건 제외했고요.

이 특집은 꽤 팔렸는데 작은 비즈니스에 흥미가 있는 사람이 이렇게 많다는 게 피부로 느껴졌죠. 그리고 지금 '일하는 방식'을 테마로 하는 책이 많이 나오고 있잖아요? 일하는 방식 연구가 니시무라 요시아키西村佳哲씨의 책 같은 거요. 일하는 방식을 생각해야만 하는 시대인 거죠.

특집 '작은 장사'에서는 주로 교토를, '포틀랜드의 작은 장사'에서는 포틀랜드를

◆ Blue Bottle Coffee, 48시간 이내에 로스팅한 유기농 원두만 사용해서 만드는 미국의 커피 체인점.

취재했는데 두 도시 사이에 공통점이 있었나요?

네, 교토와 포틀랜드는 닮았다고 생각해요. 옛 물건을 소중하게 여기는 것도 그렇고 돈 없는 녀석들이 살기 쉬운 대학가가 있고 또 자전거로 이리저리 돌아다니는 녀석들도 많고 말이죠.

두 장소 모두 독특한 사람들이 모여 있다는 것도 비슷해요. 지금 시대에 이런 레코드를 팔아서 생활할 수 있나 싶은 레코드 가게가 인터넷 판매도 하지 않고, 좋은 것을 팔면 생활할 수 있다는 신념만으로 실제로 생계를 꾸리고 있어요. 그런 사람들이 교토에도 포틀랜드에도 있어요. 아무래도 주류에서 벗어난 사람들이지요.

하지만 최근 포틀랜드는 샌프란시스코 부근에서 단숨에 돈을 번 IT 회사가 하나둘 들어오면서 그놈들이 토지 가격을 마구 올리는 바람에 살기 힘들어졌다고 해요.

포틀랜드는 돈이 없어도 노력해서

『Spectator』

http://www.spectatorweb.com/

1999년 창간. 연 3회 발행. 잡지명은 '구경꾼', '목격자'라는 의미로 문자 그대로 아오노 씨를 포함해 세 명의 편집자와 필자들이 현장에 직접 가서 이야기를 듣거나 체험한 것을 기사로 구성한다. 최근 테마는 발효, 작은 장사, 문장술, 보디 트립●, 젠禅 등. 전국의 소규모 서점이나 잡화점 등에서 취급하는 한편 겐토사(출판사) 보급으로 전국 대형 서점에도 배부된다. 회사 웹사이트에서도 구입 가능. 정가 1,000엔+세금.

● body trip, 몸속과 몸을 움직이는 방법을 재인식하고 몸에 밴 습관이나 버릇을 교정해 본래의 건강한 상태를 되찾기 위한 내면으로의 여행을 말한다.

자기 손으로 맥주를 만들거나 한 권에 1달러 하는 싼 잡지를 팔 수 있는 곳이라 좋았지만 자본에 잠식되면서 벌써 변하기 시작한 것 같아요. 교토도 돈이 없어도 그럭저럭 살 수 있는 곳이라 규모가 작고 독특한 비즈니스가 가능했지만 큰 자본이 들어오거나 IT 버블이 오거나 하면 위험해지겠지요.

'취미의 연장'이라 할 이상적인 장사가 가능한 시대

일본 전역에도 작은 장사만으로 생계를 꾸리는 사람들이 있지요?

『Spectator』를 비치해 두는 직거래 서점도 '작은 장사' 스타일인 곳이 많아요. 예를 들면 이바라기 현 쓰쿠바筑波에 있는 책방은 저렴한 사무실을 빌린 후 자신이 직접 책을 매입해 오기도 하고, 사람들에게 받은 헌책을 모아서 팔거나 티셔츠를 본인이 제작하기도 해요. 그리고 우리 책도 매호 스무 권 정도 팔아줘요. 한 매장에서 스무 권이라는 건 그 주변의 좀 더 큰 서점보다 많이 파는 거예요. 대단하죠. 그런 친구들이 제법 많아요.

물론 그들도 어려운 일이 엄청 많겠지만 자신이 노력하고 있는 만큼 충실히 살고 있다고 생각해요. 규모가 작으니 조그만 일에도 큰 영향을 받고 반대로 조금만 노력해도 과제를 달성할 수 있어요. 말하자면 직접성直接性의 세계랄까. 음…… 『Spectator』 자체가 작은 장사를 하는 곳이나 마찬가지니까요. 저를 포함해 세 명이서 만들고 있잖아요.

특별히 의도해서 작은 장사 스타일의 잡지를 만드는 건 아니지만 그다지 거창하게 하고 싶지도 않아요. 적당히 간이 맞는 정도로 미니멀하게 해나가고 싶어요, 제 성격에 어울리게 말이죠. 예전에 다른 잡지(음악잡지 『Bar-f-Out!』)를 만들었을 때도 세 명이서 회사를 시작했지만 그 당시는 음악 버블 시대여서 광고가 마구 들어왔어요. 한 권 만들면 큰돈이 떡하니 들어왔죠. 그래서 다섯 명, 열 명으로 직원을 늘리고 사무실도 넓은 곳으로 옮기고 하면서 회사가 점점 커졌어요.

하지만 어느 날 조례를 하고 있을 때 문득 '나 도대체 뭐하고 있는 거지?' 싶은 거예요. 이런 귀찮은 일이 늘어나는 거라면 회사라는 건 할 만한 게 못 되지, 라는 생각으로 그만둬버렸죠.

규모가 커지면 '잡지를 만들어서 즐거워'라는 본래 동기만으로는 해나갈 수 없는 부분이 늘어나요. 회사 내외의 인간관계나 레코드 회사와의 이런저런 일 같은 거요. '좋아하는 것을 해보자고 샐러리맨을 그만두고 시작했는데 왜 또 회사를 하고 있는 거지?' 싶더라고요. 나는 회사를 하고 싶었던 게 아니라 잡지를 만들고 싶었던 것뿐이니까요.

그래서 『Spectator』는 크게 키우고 싶지 않다기보다는 결과적으로 커지지 않는 방법으로 하고 있을 뿐이에요. 잡지 만들기에 집중하고 있는 거죠. 그래도 돈은 더 많이 있는 게 편하니까 작은 게 좋다고만 생각하지는 않고요.

하고 싶은 것에 집중할 수 있는 방법을 선택했다는 말이네요.
그렇죠. 하고 싶은 것을 백퍼센트로. 그 이외는 하고 싶지 않아요. 흥

미도 없고. 이 정도밖에 못 해, 음 이걸로 괜찮은 걸까라는 생각이 양립하고 있어요. 이젠 나이도 먹었는데 언제까지나 현장에 가서 인터뷰할 수 없다는 걱정도 들지만 이렇게 꾸려갈 수 있으면 그걸로 된 거잖아, 라고요. 투지가 있는 사람이 모여서 최소한의 인원으로 하는 게 좋아요.

이번에 다룬 '포틀랜드의 작은 장사' 특집에서 마이크로코즘^Microcosm 이라는 출판사를 만든 사람을 취재했는데 처음 그를 알게 된 6년 전과 비교했을 때 규모가 무척 커져 있었어요. 원래는 독립출판 잡지 『ZINE』을 혼자서 만들어 팔던 사람이었거든요. 물론 성장하는 회사도 있으면 좋지요. 하지만 포틀랜드의 작은 장사가 모두 크게 해나가려고 하는 사람만 있냐고 하면 그건 아니에요. 아무튼 자신에게 맞는 사이즈를 신중히 찾아서 꾸려 가고자 한다는 걸 느낄 수 있었지요.

작은 장사를 하는 사람들의 DIY 정신세계랑 통할 테지만, 역시 자신의 손으로 만든다는 것은 엄청나게 기쁘잖아요. 『Spectator』도 마찬가지만 하나부터 열까지 전부 자유롭게 할 수 있다는 게 무척 즐거워요. 평생 그런 일을 해 나갈 수 있다면 바랄 게 없죠.

무언가를 만들어낸다는 건 모두 자기표현이에요. 센스와 노하우를 조금 가미한다면 취미의 연장으로서 장사라는 이상을 이룰 수 있어요. 인터넷을 사용하면 정보 발신만 가능한 게 아니라 판매까지 되잖아요. 좋은 시대라고 생각해요.

도시와 시골을 잇고, 나와 타인이 상생한다
지혜와 상상력만 있다면 살아갈 수 있다

공생혁명가 / 도쿄어번퍼머컬처
Tokyo Urban Perma-culture 주재

소야 카이ソーヤー海

1983년 도쿄 출생. 니가타, 하와이, 오사카, 캘리포니아에서 성장. 캘리포니아 주립대학 산타크루즈에서 심리학, 유기농법을 배우고 2004년부터 동대학에서 '지속 가능한 생활 교육법' 코스를 주최, 강사로 근무했다. 2011년부터 거점을 도쿄로 옮겨 퍼머컬처, 공감 커뮤니케이션, 젠禪 워크숍과 강연 활동을 하고 있다. 자칭 활동 오타쿠. 2015년에 저서 『도시에서 시작하는 새로운 삶을 디자인하다都会からはじまる新しい生き方のデザイン』를 간행.

　　많은 사람들이 들고나고 있긴 하지만 조금씩 이주자가 늘고 있는 보소이스미 지역. 그곳으로 '어떤 분야의 달인'이 이주해 오는 경우가 있다. 2016년에 이스미 시로 거처를 옮긴 소야 카이 씨도 그런 사람 중 하나다.

　　카이 씨는 도시 생활을 재검토함으로써 각종 사회 문제를 해결하고자 하는 '도쿄어번퍼머컬처'(TUP)를 설립, 다양한 활동을 펼치고 있다.

　　활동을 통해 널리 알리고 있는 것은 도시경제 형태와는 성격이 다른

'증여경제'라는 개념이다. 이것은 소위 말하는 보통의 경제 개념과는 다른 것으로 시골 생활이나 장사와 어딘가 통하는 부분도 있다. 그는 그것을 사람과 사람이 상생하기 위한 '장소'로서 더욱 확장하기 위해 현재 이스미 시에서 그 탄생을 계획하고 있다.

지역은 새로운 이주자를 받아들이고 서로 교류하면서 조금씩 변해간다. 카이 씨의 존재는 앞으로 지역에 어떤 바람을 불러일으킬까?

도쿄에 사는 사람을 서포트하는 도장道場을 만든다!

카이 씨가 이스미 시에 이주한 것은 2016년 3월 후반부터지요. 최근에는 어떤 활동을 하고 있나요?

이전에는 퍼머컬처*에 관한 단발성 워크숍이 많았지만 최근에는 공감 커뮤니케이션◆ 합숙이나 퍼머컬처에서 하는 2주간의 투어 같은 장기적인 것을 늘리고 있어요. 예를 들면 야쿠시마屋久島▲의 자연 속에서 '자신이 생태계의 일원인 것을 실감'하는 여행을 하거나 사상가 사티시

● 'Permanent(영구적인)'와 'Agriculture(농업)', 'Culture(문화)'를 합친 조어. 지속 가능한 지구 환경과 사회를 만들기 위해 적절히 디자인하는 것을 목적으로 두고 있다.(저자 주)

◆ 평가와 비판을 넘어 마음을 잇고 서로 공감하는 커뮤니케이션 방법.(저자 주)

▲ 가고시마 현에서 60킬로미터 떨어진 섬.

■ Satish Kumar, 사상가. 마하트마 간디의 비폭력, 자립 사상과 E. F. 슈마허(영국 경제학자)의 연구에 감명을 받아 영국 남서부에 스몰 스쿨과 슈마허 칼리지를 창설했다.(저자 주)

쿠마르**와 일주일 동안 지내는 투어 같은 거요. 역시 여행은 함께하는 시간이 긴 만큼 참가자의 의식세계가 점점 깊어질 수 있어서 좋아요.

요 몇 년간 저는 도쿄에서 어번퍼머컬처나 증여경제의 개념을 워크숍과 강연을 통해 전하면서 수천 명에 달하는 사람들과 유대 관계를 맺었어요. 아마 이제는 제가 도쿄에 없어도 어번퍼머컬처의 움직임은 멈추지 않을 거라고, 그 정도의 토양은 만들어졌다고 생각해요. 그래서 슬슬 다음 단계로 나아갈 때가 되었다고 느꼈어요. 이번에는 사람들과 나 자신의 가능성을 발견하고 더 큰 에너지를 키울 수 있는 장소를 만들어보고자 거처를 옮겼지요.

활동 기치인 '도쿄어번퍼머컬처'를 이스미 시에 살면서 추진하겠다는 의도인가요?

'도쿄어번퍼머컬처'의 임무는 도쿄를 변화시키는 거예요. 하지만 저 자신이 도쿄에 살기 때문에 활동의 질이 떨어지고 있다는 걸 느끼기 시작했어요.

도쿄에 거점을 둔 것은 우선 도쿄가 어떤 세계인지를 알기 위해서였어요. 그런데 도쿄에 있으니까 아무래도 경쟁에 휩쓸려서 심적인 부분을 잃어버리게 되더군요. 샐러리맨이라면 자신이 조직 내에서 어떤 위치에 있는지도 경쟁이 되고, 러시아워 때 전철에서 자리를 차지하는 것도 경쟁이에요. 그런 분위기에 영향을 받아서 저도 모르는 사이에 제 속도가 빨라졌고 지쳐버렸지요.

역시 제가 가장 영감을 얻을 수 있는 곳은 자연 그 자체예요. 이스미 같은 마음 편한 시골에는 '여유'가 있어요. 아침에 새소리를 들으면서 홍차를 마시고 정원의 꽃을 보고 지구라는 곳이 이렇게 아름답구나라고 생각할 수 있는 시간 말예요. 그런 곳에 제 자신을 맡기고 싶은 욕구가 컸어요.

지금은 이스미에서 도쿄에 갈 때 진지하게 생각해봐요. '한 시간에 한 대뿐인 전철을 타고 두 시간이나 걸려 갈 필요가 정말 있을까?'라고.(웃음)

그리고 필 캐시먼°이라는 친구가 미나미보소에 살고 있는데 그와 함께 더 많이 활동해보고 싶은 것도 이유예요. 필과 나오 씨(179쪽 참조)라는 '피플 파워'에도 끌렸다고나 할까요.

구체적으로 어떤 환경을 만들고 어떻게 진행할 건가요?

한마디로 말하면 '도장'을 시작하려고 해요. 깊은 세계로 함께 나아갈 수 있는 동료를 늘리면서 새로운 문화를 만들고자 하는 사람을 키우는 장소 말이죠.

저는 도쿄에서 마구마구 일을 해서 몸이 상한 사람이나 인생의 목적을 잃은 사람을 많이 만나왔어요. 그래서 도시에 사는 그런 사람들을 서포트하기 위한 기반을 만들고 싶어요. 직접 끓인 된장국을 마시며 여유롭게 자연을 만끽할 수 있는 정원에서 동료와 관계를 맺고 진정으로 자신이 하고 싶은 것을 배우며 실천해 나가는 장소요. 도시 사람을 '양생養生'한

● Phil Cashman, 퍼머컬처 빌더이자 디자이너. 지바 현 미나미보소 시에 있는 '퍼머컬처 아와粟卿'를 주재.(저자 주)

다는 의미도 크고요. 그렇게 된다면 도시도 변할 거고 시골도 윤택해지겠죠? 더욱 매력적으로 바뀐 시골에서 삶의 선택지가 늘어난다면 결과적으로 사회는 변할 거라고 생각하거든요.

시골에는 도시에 비해 상대적으로 돈이 적어도 즐겁게 사는 사람들이 많은 것 같아요.

그렇지요. 돈이 없으면 필연적으로 상상력과 인간관계에 기댈 수밖에 없으니까요. 그렇게 점점 기술을 익히면 자유로워져요. 상상력과 인간관계를 잘 키워서 위기를 넘기거나 창조적으로 즐겁게 해나가는 사람도 많고요.

다만 현실적인 부분이 공유되어 있지 않아요. 다들 회사를 그만둘 때 정기 수입이 없어지는 걸 두려워하지만 지금도 인류의 대부분은 그렇게 살아가고 있거든요. 일본도 전쟁이 끝난 후 얼마 전까지만 해도 먹을 것이 변변치 않아 다들 죽을지 살지 하는 상황에서 어찌어찌 자신의 지혜와 상상력으로 가능한 일을 하며 살아왔어요. 그때로 돌아갈 필요는 없지만 자신의 힘으로 살아갈 수 있다는 것을 알

도쿄어번퍼머컬처

tokyourbanpermaculture.com

어번퍼머컬처로 도쿄를 변화시키자는 소야 카이 씨의 활동 기치. 공부 모임과 워크숍을 통해서 도쿄에 지속 가능한 문화를 뿌리내리고 공생사회를 만들어 마음을 건강한 상태로 되돌리는 것이 목표. 워크숍, 이벤트, 퍼머컬처 체험 투어 등의 공지는 블로그와 Facebook에서.

았으면 해요. 선택지가 많아지면 마음에도 여유가 생기니까요.

시골 쪽에서도 받아들일 태세를 잘 갖추면 사람들이 점점 유입될 거라고 생각해요. 후지노(가나가와 현 사가미하라 시相模原市 구후지노 정旧藤野町)나 이스미 시나 가모가와 시(지바 현) 같은 이주자가 많은 지역들은 아무래도 타인과 즐겁게 사귈 수 있다는 의미에서 받아들일 태세가 갖춰져 있다고 할수 있죠.

나누는 것으로 모두 풍족해진다

카이 씨의 워크숍은 참가비 제도가 아니라 기부 제도네요. 이건 어떤 생각에서 나온 건가요?

저는 제가 가진 생각을 전달하고 싶고, 모두가 자신이 가진 것을 서로 나눴으면 해서 워크숍을 하고 있어요. 그래서 '이 워크숍은 이 가격으로'라는 건 취지에 맞지 않아요. 제가 전한 것에 대한 보답으로 무언가 되돌아오거나 되돌아오지 않아도 나누는 것 자체로 만족해요. 어차피 모든 것은 순환한다는 생각을 갖고 있는 거죠. 돈을 지불해야만 한다는 의무감에서 나오는 돈은 받고 싶지도 않고요. 어디까지나 저는 이미 자연과 다른 사람으로부터 여러 은혜를 받으면서 살고 있거든요.

교환관계가 아니라 줄 수 있는 상황일 때 모두 함께 나눈다면 결과적으로 다들 풍족해져요. 그런 예를 지금까지 분명히 봐왔고 그런 세계를 실현하는 것이 제 삶의 임무라고 생각해요. 이 '증여경제'로 얻을 수 있는 건 '서로 함께'라는 인식이에요. 옛날부터 일본의 시골에는 서로가 서로를 돕고 지지하는 유이ᅟ 문화*가 있었어요. 서로 상대를 신뢰한다면 다양한 것이 움직여요. 돈도 근본적으로는 신뢰관계지요. 천 엔을 어느 원주민 마을에 가져간대도 그들은 천 엔의 가치에 대한 신뢰가 없기에 경제가 성립되지 않잖아요? 증여경제도 마찬가지예요. 신뢰관계로 성립되는 거지요. 본질적으로 어떤 사람을 신뢰할 수 있다면 그 사람이 이것을 사용하든 저것을 사용하든 상관없게 돼요. 그것을 돈에 대한 신뢰관계로 둘 것인지 돈은 제쳐두고 사람 간의 신뢰관계로 둘 것인지가 큰 차이인 거죠.

작은 장사 활동가들을 보면 자신이 만든 상품은 물론 일상생활에서도 사람과 지역과의 관계성을 의식해서 돈을 사용하는 사람이 많은 것 같아요. 그래서 때때로 "지방에서 살아가기 위해서는 매달 얼마가 필요한가요?"라는 물음에 명확하게 대답하지 못하는 것 같고요.

자기가 살고 있는 나라의 통화나 교환 규칙을 모르는 사람에게 설명하는 것 같은 느낌이었나 봐요. 저도 도시에서 코스타리카 정글로 이주했을 때는 아무것도 모르는 상태였어요.

이주하기 전에는 산타크루즈(캘리포니아 주)라는 마을에 있는 대학에서 '지속 가능한 생활'에 대해 가르치고 있었죠. 거기서 코스타리카로 옮

● 사람과 사람을 연결한다는 뜻으로, 모내기나 지붕갈이 등 공동체에서 큰 노력이 필요한 일을 할 때 서로 돕는 것이다. 우리의 두레나 품앗이와 비슷하다.

겨 간 것도 당시 생활이 너무 도시적이어서 제 자신이 전혀 지속 가능할 수 없었기 때문이에요.

그때까지 시골에서 산 적도 없었는데 갑자기 코스타리카 정글로 이주했어요. 시골은 생존해야만 하는 장소라고 생각했는데 실제로는 전혀 그런 곳이 아니었어요. 가능하다, 가능하지 않다는 문제가 아니라 그 길을 걸어가면 자연스럽게 가능하게 돼요. 에너지와 상상력, 자신이 갖고 있는 자원을 전부 거기에 쏟아부으니까요.

일반적으로 말하는 자립이란 결국 기업에 의존하는 거예요. 기업에 근무해서 급여를 받고 그 돈으로 기업이 만든 것을 사서 생활하니까요. 우선 자신의 손을 움직이고 그다음 주위 사람들의 도움을 받아 자신이 하고 싶은 것을 만들어내는 것이 진짜 자립이라고 저는 생각해요. 혹은 '공립共立'이라고 말하는 게 좋을지도 모르겠네요.

자급자족이라고 하면 고독하게 밭을 갈고 금욕적으로 생활하는 이미지가 떠오르지만 저는 거기에서 풍성함을 느끼지 못해요. 정말로 모두가 원하는 세계란 타인끼리 서로 지지하고, 힘들 땐 누군가가 손을 내밀어주고 가능한 것을 함께 해나가는 곳이에요. 일종의 생태계로서 균형을 유지할 수 있는 세계. 그것이 공생, 공립이라고 생각해요.

'재미있었다'가 아니라 '그래, 해보자!' 하는 사람을 늘린다

산타크루즈에서 코스타리카로, 그 후에 도쿄에서 이스미 시로. 카이 씨는 도시에서 시골이라는 흐름을 두 번이나 반복했다고 말할 수 있겠네요.

계속 그런 패턴일지도 몰라요. 제가 좋아하는 건 이렇게 자연에 둘러싸인 곳이지만 역시 도시가 변하지 않으면 인간에게 미래는 없다고 생각해요. 원전 문제, 쓰레기 문제, 시골의 젊은이들이 도시로 나가버리면서 발생하는 과소화過疎化 문제 같은, 사회의 거시적인 디자인 자체가 일본 지역 전체를 메마르게 하고 있어요. 그리고 이것은 막대한 자금이 움직이는 수도권을 중심으로 일어나고 있지요. 이 흐름을 막지 않는 한 시골은 쇠퇴하고 도시는 피폐해져요. 결국 미래에 희망을 걸 수 없어요.

그래서 카이 씨는 도시에서 시골로 향하는 사람의 흐름을 만들기 위해 '도쿄어번퍼머컬처'라는 이름을 그대로 내건 채 이스미 시로 온 거군요. 도쿄에 오고갈 수 있는 거리라는 것도 이스미 시를 선택한 이유 중 하나인가요?

네, 그건 중요해요. 역시 도쿄를 변화시키려면 정기적으로 다니면서 피부로 느껴야 해요. 안 그러면 도쿄가 어떤 세계인지 잊어버리니까요. 시골에 너무 익숙해진 상태로 해결책을 아무리 도시에 전하려고 해도 전해지지 않겠죠? 새로 만든 도장에서도 되도록이면 도쿄 사람들을 트레이닝 시키고 싶어요. 그런 의미에서 오고갈 수 있는 거리가 아니면 안 되죠.

도장에서는 몇 개월에 걸친 숙식 연수 프로그램을 짜려고 해요. 예전에 미국 워싱턴 주에 있는 오카스라는 섬에서 다른 연수생과 함께 훈련을 받은 적이 있는데 정말로 즐거웠어요. 먹거리와 과일이 풍부하게 널렸고, 벗은 채로 밭일을 하거나 매주 피자 파티를 하고 말이죠. 용접 기술, 태양광 패널 배선, 수도관 고치는 법, 숲을 디자인하는 법, 닭과 오리 사육, 요리……. 아무튼 뭐든지 배우고 뭐든지 하는 환경이었어요.

가르치는 사람이 있었나요?

기술자이자 또 뭐든지 가능한 이른바 현대적인 '농사꾼'들이 있었죠. 그런 생기 넘치는 사람들이 선생님이었어요. 그리고 연수생도 자신의 전문 분야에 한해서는 입장이 바뀌어서 선생님이 되는 경우도 있었으니까 경계선도 없었고요. 체재 비용은 제가 참가했을 때는 월 만 5천 엔. 식재료는 거의 대부분 유기 재배로 마음껏 먹을 수 있었고요. 와이파이 등 필요한 인프라도 전부 구비되어 있었어요. 점점 돈에 대한 의존도가 낮아지고 살아간다는 것에 자신감이 생기더군요.

그리고 그곳을 졸업한 사람들은 즐겁게 사회 혁명을 시작해요. 학교에 정원을 꾸며 넓히거나 행정 기관과 협력해서 퍼머컬처로 대규모 공원을 만들거나 말이죠. 그런 인재를 창출하는 교육시설 같은 곳이었어요. 앞으로 만들 도장을 통해 그런 사람들이 일본에 많이 늘어나는 걸 상상하면

심장이 두근거려요.

이스미에 만들 도장은 도시에서도 시골에서도 통용되는 기술을 배우는 장소네요. 자신도 상대방도 상생할 수 있는 관계를 만들면서요.

네, 그래요. 서로를 지지하고 지지받는 관계성 속에서 살아가는 것이 제가 품고 있는 퍼머컬처 디자인이에요. 모두가 의식을 조금만 바꾼다면 더욱 풍성해질 수 있는 게 뚜렷이 보여요. 왜냐하면 아주 가난한 나라에서도 아주 풍요롭게 사는 사람들이 엄청 많거든요.

일본에 사는 저희들은 물질도 금전도 기회도 매우 풍부한 토양에서 살고 있으니까 그것을 알아차리고 잘 살리기만 하면 돼요. 그리고 즐겁게 사는 것을 보여줘서 "함께 하고 싶으면 언제든지 와요!"라고 모두에게 말을 거는 거죠. 내 가슴이 두근두근하는 곳에 의식을 기울이면 스스로 만들어 간다는 감동과 에너지를 느낄 수 있어요. 저는 그런 감동과 에너지가 넘치는 장소를 만들고 싶어요.

귀로 들은 것은 지식이 될 수 있지만 그런 정보는 지금 치여 죽을 만큼 넘치고 있잖아요. 실제로 해보고 만들어보면서 자신이 가능성으로 가득 차 있다는 것을 알게 되면 인생은 정말로 즐거워져요. "워크숍에 참가해서 즐거웠어"가 아니라 "자, 나를 활용해보자!"라고 말하는 사람을 늘리고 싶어요.

이스미 산속에 녹아드는 음색
'기타노다이 아악 앙상블'

'이스미 시에 일본 유수의 아마추어 아악단이 있다'고 알려준 이는 나카지마 데코 씨의 남편인 포토 저널리스트 에버렛 브라운 씨였다. 전국의 민속 문화를 찾아다니던 에버렛 씨는 여행지에서 보고 들은 일들을 항상 즐겁게 이야기해주는데 지역 사정에 관해서도 훤하다.

아악이란 고전 악기로 연주하는 고전 음악으로 천 년의 역사를 자랑하는 '세계에서 가장 오래된 오케스트라'라고 불리기도 한다. 그런 아악단이 왜 이런 시골에 있을까?

공익사단법인 '기타노다이 아악北之台雅楽 앙상블'의 거점은 이스미 시 산속. 그들은 이곳에서 구미 지역이나 아프리카의 여러 나라로 연주 여행을 떠나기도 하므로 실제 스케일은 굉장히 크다.

발단은 1970년대 중반, 당시 17세였던 이사장 이구치 요이치로井口陽一郎 씨가 궁내청악악부宮内庁楽部 악장과 가깝게 지내던 아버지에게서 아악을 권유받은 일이었다. 이구치 씨의 아버지는 홋카이도 출신으로 자연재배 농산물 관련 회사인 기타노다이 개발(주)을 구이스미 군 미사키 정(현 이스미 시)에 설립한 인물이다. 이구치 씨가 악장을 선생님으로 삼아 아악을 배우기 시작한 지 2년이 지났을 때 아버지는 사비를 털어 아악 전용 연습장을 설치하고 아악기 한 세트와 아악 복장도 구입했다.

어느새 이구치 씨가 가르침을 받고 있는 악장에게 아악을 배우기 시작한 친구나 다른 아악단 경험이 있는 사람, 개인적으로는 악기를 살 수 없지만 아악을 하고 싶은 사람들이 연습장에 모이기 시작했다. 역사적으로 궁중 음악이던 아악을 궁내청 소속인 국내 최고의 선생님에게서 배울 수 있다는 걸 듣고 멀리서 찾아온 멤버도 있었다고 한다. 아버지의 뒤를 이은 이구치 씨가 대표로 재직하는 기타노다이 개발에는 아악을 하기 위해 입사한 사람도 있고 기존의 사원이 아악을 시작한 경우도 있다. 이구치 씨를 포함해 스무 명 정도의 사원이 열흘 이상 휴가를 내서 해외 공연을 다녀온 적도 있다고 한다.

마치 딴 세상 속으로 들어간 것처럼 정처 없이 흐르는 아악의 음색이 산속 벌레 소리에 녹아든다. 기타노다이 아악 앙상블의 형용할 수 없는 웅장함은 그 음색과 더불어 보소이스미 지역의 공기를 표현하는 듯하다.

기타노다이 아악 앙상블
http://kitanodaigagaku.music.coocan.jp

생(쇼), 필률(히치리키), 용적(류테키) 등 관악기로 멜로디를 연주하고 있다. 앞의 좌측이 이구치 씨.

그 외 비파 등의 '현악기', 북과 같은 '타악기'로 구성된다.

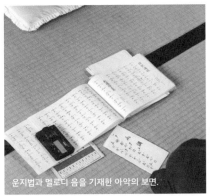

운지법과 멜로디 음을 기재한 아악의 보면.

기타노다이 아악 앙상블 연습장.

2014년 빈 공연 모습.

현재는 아악 복장과 악기를 만드는 장인도 수가 줄었다고 한다.

모든 시작은 DIY

어른의 놀이, DIY 정신

유치원을 만든다. 간장을 만든다. 지역통화를 만든다.

"그게 정말 필요해?"라고 정색하고 물어도 이상하지 않을 DIY다. 거의 놀이처럼 보이는데 그걸 당사자도 부정하진 않을 것이다.

그러나 놀이는 위대하다. 사람은 '먹고 자는' 기본적인 필요로만 살아가는 것이 아니다. 책을 읽거나 음악을 듣거나 춤을 추거나 친구와 술을 마시며 웃거나 한다. 그런 면에서 살아가는 데 쓸모없어 보이는 놀이야말로 사람을 사람답게 만들어준다(커뮤니티를 만드는 것이 호모사피엔스의 생존 전략이라는 학설이 있기도 하고 '사람이 노는 목적은 사람과 관계를 만들고 싶기 때문'이라는 측면에서 생각해보면 이것은 더욱 확실해진다).

DIY 정신은 주어진 놀이 여건이 미비한 시골에서 한층 더 단련된다. 그리고 재미있을 것 같아서 만들었다는 소탈하고 긍정적인 DIY 정신은

'마음을 먼저 움직여 시작하는 작은 장사'의 원동력이 되어준다. 진지하게 꾸려가는 작은 장사도 옆에서 보면 어느 정도 놀이처럼 보인다. 하지만 주변에서 볼 때 즐거워 보이는 상황일수록 자신이 열심히 몰두하는 것일 뿐 대단한 일을 하는 것은 아니다. 진심을 다해 놀면서 뭐든지 만들어내는 기술과 뭐든지 해내겠다는 마인드는 세상이 어떤 지경이 되더라도 도움이 될 것이다. 직접 하지 않고는 배길 수 없는 일에 진정으로 몰두해서 생활을 꾸려 간다는 것은 좋은 어른이 되어 정면으로 삶을 헤쳐 나가는 가치 있는 인생, 그 자체를 즐기는 놀이다.

일단 만들어본다

작은 장사를 하는 사람들은 자신이 출점하는 마켓도 직접 만든다. 보소이스미 지역의 작은 장사 문화를 지탱해주는 것은 수많은 마켓이지만 그 마켓의 존재를 유지해주는 것은 사람들의 DIY 정신이다.

실점포를 갖고 있는 사람들 또한 대다수가 자신의 손으로 가게나 공방의 바닥을 깔고 벽을 칠하고 기자재를 만든다. 가게가 완성되면 판매할 상품을 만든다. 아무튼 일단 직접 만든다는 것을 전제로 하고 되도록 정말 필요한 부분만 전문가에게 의뢰한다. 뭔가를 만드는 솜씨는 프로에 필적할 수 없지만 그것조차도 즐기는 것이 그들만의 방식이다.

작은 장사를 하는 사람들을 취재하면서 "이 책, 자비로 출판하는 거예요?"라고 몇 번이나 질문을 받은 적이 있다. 아마 "그쪽도 DIY겠지?"라는 물음일 것이다. 나한테서 풍기는 인디 스타일이 한몫했겠지만 이 질문은 보소이스미 지역 외의 사람들한테서는 들은 적이 없다. 그렇기에 역시 이 부분에서도 지역 특유의 '일단은 DIY' 마인드를 느낄 수 있었다.

과감하게 써보는 것이지만, 그들의 DIY 마인드와 아마존 원주민 간에 공통점이 있다고 느낀 것은 취재가 중반에 다다른 때였다.

아마존에는 생활에 필요한 용품 일체를 자연물로 만들어내는 '마치겐카Matsigenka'라는 부족이 있다. 그들은 인사를 할 때 "아이뇨비"(너 거기 있어?)라고 말을 걸고 "아이뇨"(있어)라고 대답한다. 눈앞에 있는 상대를 향해 "거기 있어?"라고 묻는 것이 이상하지만 전문가에 의하면 "잘 살아 있지?"라는 물음이자 "지금의 생활을 지속할 수 있으면 그걸로 된 거다"라는 그들의 철학을 단적으로 표현하는 것이라고 한다.

흥미로운 것은 보소이스미 지역에서 작은 장사를 하는 사람들에게 "앞으로의 구상은?"이라고 질문하면 대부분의 사람이 마치겐카 부족민처럼 "지속할 수 있으면 그걸로 좋잖아요"라고 대답한다. 현 상태를 유지하는 것이 목표라고 한다면 어딘가 활력이 없어 보이기도 한다. 하지만 뭐든지 자신이 직접 만드는 마인드와 뭐든지 다 만들 수 있다는 자신감이 있다면 지구 어디에 살아도 앞으로 어떻게 살지 고민하거나 일부러 거창하게 생각하지 않아도 될 것이다. 앞으로의 일보다도 지금의 생활, 그리고 당장 필요한 것을 만드는 일에 열중하면 되는 것이다.

마켓과 작은 장사는 마을 조성 그 자체

미국 북서부에 있는 풍성한 자연에 둘러싸인 오리건 주 포틀랜드. '미국에서 살고 싶은 마을 랭킹'에 언제나 상위권을 차지하는 이 마을은 수십 년 전부터 주민이 주체가 되어 마을을 조성하기 시작했고 지역에 밀착한 'Sustainability(지속 가능성)'에 대한 의식이 높은 기업이 점점 생겨나는 등 독자적인 문화를 갖고 있다. 또한 자전거, 가구, 건축 자재 등의 공방도 있고 뭐든지 자신들이 만든다는 DIY 운동의 중심지로서도 알려져 있다.

포틀랜드의 디자인 가치가 높은 생산물과 라이프스타일의 이미지는 일본에서도 선망의 대상으로 미디어에서 여러 차례 다뤄졌다. 하지만 패션이나 디자인 등 포틀랜드라는 도시의 표층만 전하는 사이에 본질적인 것은 누락되고 있는 듯하다.

나만의 만들기와 장사에 몰두해서 일궈내고자 하는 것, 그것이 DIY 정신이다.

보소이스미 지역뿐만 아니라 일본 국내의 다른 지역에도 DIY 정신으로 퀄리티 높은 상품과 유기농 가공식품을 만들어 훌륭하게 경제를 꾸려 가는 곳이 많이 있을 것이다. 이번에 대담(249쪽 이하 참조)을 나눈, 뉴욕에 거주하고 있는 작가 사쿠마 유미코佐久間裕美子 씨는 저서 『힙한 생활 혁명ヒップな生活革命』(아사히출판사, 2014년 발간)에서 미국에서 일어나고 있는 DIY 운동을 상세하게 전하고 있다. 그리고 나는 이번 취재를 통해 '혁명'

은 이전부터 일본의 시골에서도 줄곧 일어나고 있었다고 느꼈다.

나만의 만들기와 장사에 몰두하는 보소이스미 지역 사람들은 "포틀랜드? 모르겠는데"라고 말한다. 옆이 아니라 앞을 보며 자신만의 DIY 정신으로 세상을 대하는 태도, 이것이야말로 '생활 혁명'의 본질이 아닐까.

또 하나, 내가 아는 한 보소이스미 지역에는 자신만의 만들기를 '마을 조성'으로 연결해 활동하는 작은 장사 활동가들이 거의 없었다. 이것은 옳다. 마을을 방문하는 사람은 '마을 조성을 위한 수단으로서의 상품'보다 '개인이 몰두해서 제작한 상품' 쪽에 매력을 느낄 것이고 손에 넣고 싶어 할 것이다. 결과적으로 누가 마을에 기여하는지는 명백하다.

어쩐지 '지역 활성화에 기여할 것 같다', '잘 벌 수 있을 것 같다'는 생각으로 사업을 시작해도 그다지 좋아하는 일이 아니라면 매일 잡무에 쫓기다가 보람을 잃고 지속할 수 없게 된다. 오히려 나만의 만들기나 장사에 몰두해 주변 사람들이나 동료들과 만들어 가는 관계성이 확대될수록 즐거움이 끊이지 않는 풍성한 '마을'이 자연스럽게 조성될 수 있다.

작은 장사 활동가들은 얼굴을 마주하는 관계를 소중히 여긴다. 관계를 소중히 여길수록 장사도 생활도 제대로 된 형태로 만들 수 있다는 것을 알기 때문이다. 현대 사회의 편의점이나 슈퍼마켓처럼 '일상의 사람 관계'와 '장사'가 분리된 시대는 역사적으로 그리 길지 않다.

시구정촌의 '시市'라는 한자는 '사람들이 많이 모여 교역과 판매를 하는 시장'에서 결국 마을을 가리키는 단어가 되었다. 마켓을 만드는 것도, 얼굴을 마주하며 거래하는 작은 장사도 마을 조성 그 자체와 다를 바 없다.

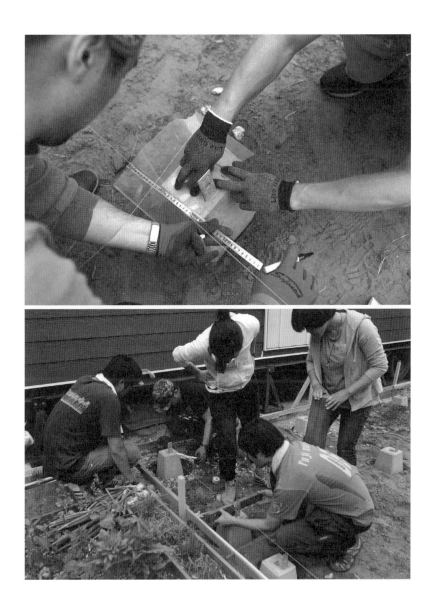

일본은 재해를 계기로 많은 이들이
'정말로 하고 싶은 일을 하며 살기'로 결심했다(이소키)

브루클린과 같은 가치관이 아메리칸 드림에
점점 영향을 끼치고 있는 것은 확실하다(사쿠마)

　　2013년부터 이스미 시에 살기 시작한 후 나는 이 지역의 독특한 사람
들과 생활방식에 눈을 떴다. 작은 장사를 하는 많은 사람들과 유기농에 관
심이 높은 사람들 그리고 여기저기에서 개최되는 마켓, 뭐든지 자신의 손
으로 만들고자 하는 의식.

　　바로 그 시기인 2014년 여름에 간행된 것이 『힙한 생활 혁명』이었다.
미국에서 태동한 '생활과 일'에 대한 새로운 가치관과 사례를 뉴욕에 거주
하는 작가이자 번역가인 사쿠마 유미코 씨가 종횡무진으로 취재해 소개

한 책이다. 일본에서도 시대에 걸맞게 앞으로의 생활과 일을 모색하는 사람들 사이에서 화제가 되었다.

내가 읽고 느낀 것은 규모는 다르지만 본질적인 면에서 보소이스미 지역과 공통점이 많다는 것이었다. 바다 건너 미국 뉴욕의 브루클린에서 번성하고 있는 스몰 비즈니스와 이스미 지역처럼 일본의 시골에서 이뤄지는 작은 장사의 비슷한 점과 다른 점에 대해 『힙한 생활 혁명』의 저자 사쿠마 씨와 의견을 나누는 것으로 이 책을 마무리하고자 한다.

'저렴한 물가'보다 '어떻게 모색할 것인가'

이소키 사쿠마 씨, 인터뷰 잘 부탁드립니다. 우선 지바 현 이스미 시 주변은 도시와 비교해서 물가가 싼 점도 작은 장사가 유지될 수 있는 중요한 요인 중 하나인데요, 대도시 뉴욕의 브루클린에서 스몰 비즈니스가 가능한 요인에 대해 다시 한 번 들려주시겠어요?

사쿠마 브루클린은 아무래도 뉴욕 시에 속하기 때문에 물가가 싸지는 않아요. 다만 물가가 싸지 않기에 사용하지 않는 건물을 기간 한정으로 빌리거나 함께 셰어하거나 레스토랑 경영 시간 외에 주방을 빌리는 식으로 비싼 월세 비용을 절약할 수 있는 아이디어를 내고 있어요. 물론 브루클린은 맨해튼에 비하면 월세가 상대적으로 싼데 아티스트들이 브루클린에 정착한 1980~1990년대에는 지금보다 훨씬 저렴했던 것도 사실이에요. 그렇다고는 해도 그들이 스몰 비즈니스를 해 나갈 수 있는 이유는 그런 식으로 궁리하면서 모색했기 때문에 가능했다고 생각해요.

이소키 사용하지 않는 공간을 이용하는 아이디어라면 이스미 지역도 비슷해요. 주말만 운영하는 카페를 평일에 빌려서 일일 한정 이벤트를 여는 사람도 있거든요. '틈'을 활용해 비용을 절감한다는 점에서는 일 맥상통하죠. 특히 지방은 사람과 사람 사이의 관계가 가깝기 때문에 상대방이 원하는 것을 쉽게 알아차릴 수 있어요. "가게 휴무일에 제가 사용한다면 저도 좋고 가게에도 도움이 될 것"이라고 가게 쪽에 먼저 말을 꺼내는 경우도 있고, "이곳을 그쪽에서 사용하면 좋을 것"이라고 가게 쪽에서 개인에게 이야기를 건네는 경우도 있지요. 서로 공감하며 상생할 수 있는 건 지방이니까 가능한 거죠. 소규모로 장사 하면 손님의 요구를 파악할 때도 이런 밀접한 관계성이 유리하게 작용해요.

사쿠마 브루클린에서도 그런 일이 일어나요. 대규모 체인 서점이 도산한 후에 생긴 작은 서점들의 경우, 폭넓은 요구가 아니라 그 지역 사람들의 취향과 한정적인 요구에 응하는 식으로 경영하는 예도 있어요. 이 것도 모색이라고 할 수 있겠지요.

하지만 현재 브루클린도 월세가 높아졌기 때문에 앞으로 스몰 비 즈니스를 해나갈 수 있는 가능성은 지금보다 낮아지겠죠. 실제로 DIY 붐이 일어나기 시작한 2000년대 전반에 장사를 시작한 사람들도 뉴욕 주 북쪽이나 디트로이트, 캘리포니아 등 월세가 더 싼 지역으로 옮기거나 하고 있어요. 예를 들면 현재 브루클린에서는 '스트리트 벤더street vendor'라고 불리는 고정 장소를 갖지 않는 방식도 등장했고요.

이소키 '고정 장소를 갖지 않는 작은 장사'는 이 책에서도 큰 테마로 다뤘어요. 장사를 시작하는 사람이 궤도에 올라 흑자를 낼 때까지 걸리는 경비를 절감하는 것은 무척 어려운 일이지요. 하지만 그것이 가능하다면 궤도에 오른 후에 자금을 모아서 가게를 내는 다음 단계로 이어질 수 있어요.

사쿠마 트럭 노점에서 시작한 작은 장사가 성공을 거둬서 뉴욕 시에 큰 가게를 냈다는, 아메리칸 드림 같은 이야기도 여전히 존재하니까요.

자기표현에서 시작하는 사회 혁명

이소키 일본에서 나타나는 작은 장사와 DIY 붐은 아직 주류에 대항하는 카운터 컬처counter culture●라고 말하기는 어려운 작은 흐름이에요. 다만 사이즈가 작은 부분도 포함해서 "기존의 존재 방식이나 판매 방법과는 다르게 장사하는 것도 괜찮네"라는 분위기는 분명 존재하지요. 브루클린이나 포틀랜드의 DIY 컬처와 유기농 붐은 어떻게 시작되어

● 반문화. 사회의 지배적인 가치체계나 생활방식 따위를 거부하는 문화.

정착된 것인가요?

사쿠마　미국의 DIY 컬처는 2000년대에 음악 분야에서 시작되었어요. 창고와 폐허, 갤러리 등에서 게릴라 라이브를 개최하던 중에 브루클린 음악 분야를 지탱해준 유명 밴드가 나왔죠. iTunes의 등장으로 누구나 음악을 전송할 수 있는 상황이었고요. 이 음악 발신 혁명이 점점 다른 분야로 확대되어 간 것이 DIY 컬처라고 할 수 있어요.

이소키　유기농은 어떤가요?

사쿠마　원래 1950년대, 1960년대 공민권운동 시대부터 카운터 컬처에는 '자신이 원하는 먹거리를 자신의 손으로 확보한다'는 사상이 있었어요. 거기에서 앨리스 워터스*가 시작한 유기농 레스토랑 등에 의해 유기농이 점점 인기를 끌면서 파머스 마켓이 늘었어요. 또한 요즘에는 불경기로 인해 사람들이 외식을 자제하는 경향과 더불어 집에서 만든 요리와 요리책이 붐이죠. 식품 리콜 문제도 매우 많은데 특히 북캘리포니아와 디트로이트 등에서 위기감이 확산되면서 유전자 조작이나 지금까지 제멋대로였던 대기업을 시민이 감시하기도 하죠.

　　그리고 미국의 기업은 돈이 될 만하다 싶으면 거기에 집중적으로 투자하지요. 이 철저한 자본주의적인 구조가 유기농이 확산되는 원동력이 된 측면도 있어요.

◆ Alice Waters, 샌프란시스코에 있는 셰 파니스Chez Panisse라는 레스토랑의 설립자이자 조리사, 작가. 음식은 반드시 가장 좋고 신선하며 지속 가능한 방식으로 생산된 지역의 제철 식재료가 기본이 되어야 한다는 철학을 가지고 40년간 유기농 문화를 이끌며 미국인의 식습관에 지대한 영향을 끼쳤다.

이소키 일본에서도 가짜 식품 문제나 유통 기한 조작 사건들이 세상에 드러나면서 먹거리 안전이 화제가 되어 유기농이 주목받는 기회가 여러 번 있었어요. 하지만 그건 비교적 일시적이었죠. 무엇보다 훨씬 거시적이고 본질적인 부분까지 사람들에게 충격을 줘서, 원점 회귀 같은 현상을 일으킨 것은 역시 동일본 대지진이죠. 이러저러한 정보가 난무하고 먹거리 안전에 대해 무엇을 믿어야 좋을지 알 수 없게 되자 도쿄 슈퍼마켓에서는 정말로 물품들이 사라졌어요. 의도치 않게 자신의 생활과 먹거리의 본질을 돌아봐야 하는 상황이 된 것이죠. 일본인은 목구멍만 넘기면 뜨거움을 잊는다*고 하지만 그 후 땅을 직접 밟고 사는 생활을 하거나 믿을 수 있는 먹거리를 만들고 싶다며 시골로 이주한 사람도 많이 있어요.

사쿠마 먹거리를 스스로 만들기 위해 시골로 이주하는 사람은 미국에도 많이 있지요. 그리고 시골만이 아니라 뉴욕 시에도 베란다에 텃밭을 가꿔서 스스로 먹거리를 수확하는 사람도 늘고 있어요. 일본도 그렇지요?

이소키 네, 그래요. 게다가 일본에서는 대지진을 계기로 "자신이 정말로 하고 싶은 일을 하며 살겠다"고 결심한 사람들이나 사람과 안면을 트고 지내는 관계를 소중히 여기기 시작한 사람들이 많아졌어요. 그

● 喉元過ぎれば熱さを忘れる, 괴로운 일도 그때가 지나가면 간단히 잊어버린다. 어려울 때 남에게 받은 은혜도 형편이 좋아지면 잊어버린다는 뜻으로 사용되는 일본 속담.

것이 일본의 지방에서는 주로 대도시에서 이주한 사람들이 시작한 '작은 장사'라는 현상으로 나타났다고 생각해요.

작은 장사는 작은 경제 권역을 풍부하게 만들어요. 뭔가를 만들 때 이웃의 재료를 사용하고 이웃과 유대가 돈독해지면서 지역을 풍성하게 하는 효과가 있죠. 하지만 그러한 지역 만들기나 작은 사회 혁명도 시작은 어디까지나 "자신이 진정으로 하고 싶은 일을 하며 살겠다"는 자기표현이 동기가 된 경우가 많아요.

사쿠마 '시작은 자기표현'에서 비롯된다는 점은 아마 미국인도 똑같을 거예요. 처음부터 "그래, 좋은 사회를 만들자"는 목적만으로 이주해서 사는 사람은 별로 없을 테니까요.

예를 들어 제 경우 세 블록 떨어진 슈퍼마켓이 아니라 맞은편 이웃이 경영하는 비싼 식료품점에서 식재료를 사요. 1달러를 사용해야 한다면 농가에 10센트밖에 돌아가지 않는 슈퍼마켓보다 50센트는 농가 몫이 되는 가게가 더 좋기 때문이죠. 게다가 맞은편에 사는 이웃은 친구니까요. 이왕 돈을 쓴다면 운송비가 더 적게 들고 농가가 취할 수 있는 몫이 많아지는 먹거리 쪽에 쓰는 것이 제 취향에 맞거든요.

이소키 그거 정말 굉장하네요. 미국에서는 스몰 비즈니스를 하는 사람들

사이에서 돈이 돌게 하자는 의식이 일본에 비해 상대적으로 강하게 느껴지는데 어떤가요? 무엇보다도 일본 대도시에는 스몰 비즈니스에 돈을 순환시키는 소비 방법이라는 선택지 자체가 아직 적기 때문이라는 생각도 들고요.

사쿠마 미국은 광대한 나라지만 꽤 많은 마을에 월마트 같은 거대 슈퍼마켓과 맥도날드, 스타벅스가 들어서면서 지역의 동질화가 극단적으로 진행되고 있어요. 대규모 점포의 좋은 점은 다양한 상품을 한 번에 살 수 있다는 편리성이죠. 하지만 리먼 쇼크 이후 그런 대규모 체인점도 불경기로 폐쇄될 위기에 빠졌어요. 그러자 "예전에는 어느 마을이나 독자적인 상점가가 있었어"라며 그것을 다시 한 번 소중히 하자는 가치관의 전환이 일부 지역에서 일어났지요.

브루클린 같은 지역은 여기저기 작은 전문점을 돌아다니면서 가게 점원과 이야기를 나누고 지역 내에서 만든 식료품과 공예품을 살 수 있어요. 쇼핑하는 데 시간은 걸리지만 풍부한 커뮤니케이션이 가능하기에 이쪽이 더 즐겁다는 가치관이 등장했지요. 물론 미국은 큰 나라니까 지금도 대다수가 주말이면 교외에 있는 대형 쇼핑몰에 차를 몰고 가서 쇼핑 카트에 식료품을 산더미처럼 구매하는 생활을 하고 있어요. 하지만 한편으로 브루클린과 같은 가치관이 점점 주류에 영향을 끼치고 있는 것도 사실이라고 생각해요.

이소키 국도변에 이온^Aeon 같은 대형 쇼핑몰이나 유니클로가 생긴 후 지역의 동질화가 진행되고 있는 상황은 일본도 다르지 않아요. 하지만 편리를 추구하는 속마음의 한쪽에는 그것에 싫증을 느끼는 사람도 무척 많아요. 그 반동으로 최근에는 개성 있는 작은 점포가 전국 여기저기에 늘어나고 있어요.

DIY의 본질

이소키　일본의 DIY 붐을 거론하자면 2015년에 나가노에서 개최된 '오두막 페스티벌'이라는 이벤트가 떠올라요. 전국에서 내방객이 모였고 많은 기업도 관계한 데다 잡화나 가구부터 오두막까지 다양한 만들기를 배울 수 있는 워크숍도 북적거렸죠. 저는 취재를 하러 갔는데 내방객 수도 많고 즐거운 분위기여서 DIY 붐의 열기를 느낄 수 있었어요. 다만 본격적인 DIY 삶을 살려면 결국 지방으로 이주할 수밖에 없는데, 그럴 수 없는 도시인들이 그걸 동경하고 있다는 것이 눈에 보이더군요.

사쿠마　그런데 DIY라는 것이 주말엔 목수가 되는 식으로 어떤 구체적인 만들기를 가리키기도 하지만 꼭 그렇지만도 않아요. 예를 들면 라이브 공연을 하려고 할 때 "저쪽에 빈 창고가 있으니까 거기서 합시다"라고 제안하는 것도 이를테면 넓은 정의에서 DIY인 거죠. 원래 수순이라면 라이브 하우스의 일시를 정해서 금액을 교섭하고 필요한 스폰서를 찾는 등의 과정이 필요할 테지만 전혀 그런 절차 없이 스스로 일을 도모하는 거죠.

이소키   요컨대 뭔가를 뚝딱 만들고 끝내는 것이 아니라 "하고 싶으면 직접 하면 돼, 궁리해서 실현시켜보자"는 마인드인 거죠. 그런 의미에서 뭔가가 일어나기 시작하는 장소에는 그것을 받아들이는 관용이 존재한다는 공통점이 있네요.

사쿠마   네, 과거의 브루클린도 그랬어요. 모두 자신이 원하는 것을 하고 그것이 정말로 새로운 문화를 낳는 원동력이 되었지요. 하지만 그런 걸 하는 사람이 많아지면 눈에 띄게 되니까 "그거 허가 받고 하는 거요? 위법이잖아"라는 말을 듣게 되죠. 그러면 점점 하기 힘들어지면서 다른 새로운 곳을 찾아 떠나버리는 거예요.

이소키   어디에나 있는 이야기네요. 그런데 제가 이주한 시골에서는 농가 아저씨들이 직접 뭐든지 고치거나 만들거나 하거든요. 태풍 탓에 망가진 헛간을 척척 원래대로 고쳐놓는다든지……. 말하자면 살아가기 위해 생활에 뿌리내린 예전부터 이어져온 DIY인 셈이죠. 일본에서는 대지진을 겪은 후에 직접 자신의 손으로 무언가를 만들거나 일의 보람을 느끼고 싶어서 시골로 떠나는 젊은이들이 많아요. 그들의 요구와 잘 맞아떨어져서 지역에서 젊은이들을 제자로 받아들이는 경우도 많고요. 그건 서로가 행복해지는 일이죠. 시대가 변해도 변하지 않는 DIY 욕구를 공유하는 거예요.

사쿠마   지금은 근대화와 함께 주류에서 사라졌지만 예전에는 정말로 모두가 DIY를 했어요. 뭐든지 자신의 손을 움직여서 만들었죠. 생각해보면 지금도 스스로 만들면 안 된다고 말하는 것도 아닌데, 뭐든 사 버리는 일이 당연하게 돼버렸어요. 저는 빈티지 옷을 즐기는데, 옷 자체가 좋기도 하지만 같은 상품이 몇만 장이나 생산되는 현대의 옷과는 달리 세상에 몇 장밖에 안 남은 옷이기 때문이죠. 모두가 획일적일 필요는 없잖아, 라고 생각하거든요.

정신을 차리고 보면 모두 같은 집에 살고 사용하는 가구도 입는 옷도 마을 자체까지 모두 똑같아졌다는 걸 알게 되죠. 어, 이래도 정말 괜찮을까?라는 의문이 지금의 흐름으로 이어진 게 아닐까 싶어요.

이소키   그렇군요. 작은 장사도 스몰 비즈니스도 대면식 판매가 주체가 되는 '장사의 시원적 형태'이고, 손을 움직이거나 몸으로 느끼는 것처럼 근원적인 것을 향하는 방향성은 미국이나 일본이나 똑같네요. 시간이 걸리고 귀찮지만, 하니까 즐겁고 재미있는 일.

사쿠마   네. 그래서 저는 일본과 미국에서 일어나고 있는 일이 다르지 않다고 생각해요. 그리고 자기를 표현하는 활동이 지방에서 이루어지건 도시에서 이루어지건 본질은 같아요.

결국은 어디까지 진심을 다해 하고자 하는가의 문제죠. 뉴욕도 도쿄와 마찬가지로 월세는 비싸지만 고민하고 궁리해서 재미있는 일을 시작하는 사람들이 있는데, 그건 얼마나 의욕이 있는지, 아이디어가 있는지에 달려 있어요. DIY의 본질은 그런 것이라고 생각해요.

이소키   "없으면 만들자", "문득 아이디어가 떠올랐다면 해버리자"라고 말이죠. 자신이 표현하고 싶은 것을 실현하기 쉬운 장소에서요. 일본은 물론 세계 각지에 그런 지역이 증가해서 다양성이 늘어나면 늘어날 수록 즐거울 거예요.

사쿠마 유미코
佐久間裕美子

게이오기주쿠 대학慶應義塾大学 졸업 후 예일 대학 대학원에서 석사학위 취득. 신문사 뉴욕 지국, 출판사, 통신사 등에서 근무한 후 2003년에 자유기고가로 독립. 앨 고어 전 미국 부통령, 우디 앨런, 숀 펜 등 여러 유명인과 지식인을 인터뷰했다. 1998년부터 뉴욕 시에 거주. 저서로 『힙한 생활 혁명』(아사히출판사), 번역서로 『일본은 이렇게 올림픽을 쟁취했다! 세계를 움직이는 프레젠테이션의 힘』(NHK 출판), 『테러리스트의 아들』(아사히출판사) 등이 있다.

2016년 12월 현재

'작은 장사' 실천가들

보소이스미 지역의 작은 장사 실천가들이 자신이 만든 것과 마켓 출점 정보 등을 발신하는
웹사이트, Facebook, 실점포 정보 등(이 책에 소개된 순서대로).

명칭	주요 상품	웹사이트	Facebook 페이지
Another Belly Cakes	자연주의 스위츠	http://anotherbellycakes.wixsite.com/rice	http://www.facebook.com/anoatherbellycakes
TRIPTRACKS	마크라메 액세서리	http://triptracks.jp	https://www.facebook.com/triptracks.macrame
Spaice coffee	커피	http://spaice.hatenablog.com	https://facebook.com/spaice2014
오다카 요시카즈 구두공방 (小高善和靴工房)	핸드메이드 구두	http://odakayosikazu.p2.weblife.me	
비장탄 야키토리 아사가오 (備長炭火やきとり 麻顔)	닭꼬치		Facebook '備長炭火やきとり 麻顔'로 검색
Flower&Herb Broom 고보 (Flower&Herb ブルーム 香房)	허브, 허브 가공품	http://broomkoubou.com	https://www.facebook.com/Broomkoubou
가메키치 (亀吉)	독자적으로 개발한 티셔츠	http://www.kamekiti-t.com	Facebook 'オリジナル Tシャツ 亀吉'로 검색
고가시야키소바 미쓰보시 (こがし焼きそば三ツ星)	화학첨가물 무첨가 소스 야키소바		Facebook 'こがし焼きそば 三ツ星'로 검색
데시고토 공방 nuts (てしごと工房 nuts)	조금 세공	http://nuts-crafts.ocnk.net	https://www.facebook.com/coconuts723

오니기리 공방 갓창 (おにぎり工房かっつぁん)	이스미 쌀로 빚은 주먹밥	htto://katsu3.jimdo. com	https://facebook.com/ katsu3onigiri
kanoco	독자적으로 개발한 도장 잡화	http://www. kamekiti-t.com/ kanoco/youkoso. html	https://facebook.com/ kanocokaoco
Honey pott	벌꿀		https://www.facebook. com/honeypott8
Life*Bonz	바다유리, 조개 액세서리	http://www.lifebonz. jp	https://facebook.com/ LifeBonz
모미지노테(もみじの手)	자연주의 디저트		https://facebook.com/ momijinote
moonchild	수공예 액세서리	http://moonchild. sblo.jp	Facebook 'MOONCHILD' 로 검색
sayasaya	하나씩만 제작한 아동복	http://sayasayas. handcrafted.jp	https://www.facebook. com/sayasaya3838
게쓰고항(結ごはん)	약선을 기본으로 한 독창적인 밥상		Facebook '結ごはん'으로 검색
파라다이스 켄 (パラダイス軒)	개성 있는 라멘	※웹사이트도 Facebook도 없지만, 마켓 출점은 빈번	
커피 구로네코샤 (コーヒーくろねこ舎) (千 葉県茂原市台田327-1)	런치, 커피, 디저트	http://mint0319.blog. fc2.com	https://www.facebook. com/kuronekosya0319
치즈공방 '센' (チーズ工房 '千') (千葉県 夷隅郡大多喜町馬場内 178)	자연주의 치즈	http://fromage-sen. com	https://facebook.com/ fromage.sen
다루마리 (タルマーリー) (鳥取県八 頭郡智頭町大背214-1)	천연균 빵, 피자, 맥주	http://talmary.com	https://facebook.com/ talmary
바이센고보 허그 (焙煎香房 抱) (千葉県夷 隅郡大多喜町堀之内407)	커피 원두, 커피	http://chiba-ken.jp/ hug	https://facebook.com/ baisenhug

보소이스미 지역 마켓

보소이스미 지역에서 개최되는 마켓 중 정기적으로 개최되는 마켓을 골랐다. 다음 개최 일정이 정해지는 대로 홈페이지나 Facebook에 고지된다. 이 외에 개인이 이벤트성으로 개최하는 단발성 마켓도 많다.

명칭	개최 빈도	개최 장소	내용	웹사이트, Facebook 페이지
보소빵페스 빵가나이트 (房総パンフェス パンガナイト)	연 3회	모바라 시, 이스미 시, 오타키 정	보소 반도 전역의 인기 있는 빵 가게가 한꺼번에 집결. 빵 사랑에 의한 빵 사랑을 위한 대규모 페스티벌. 빵과 함께 즐길 수 있는 델리나 커피, 잡화도.	http://www.facebook.com/panganight
보소 스타 마켓 (房総スターマーケット)	부정기적	오타키 정	보소이스미 지역을 이끌어온 마켓. 2016년부터는 '맛있는 보소'를 테마로 먹거리에 특화해 여유롭게 즐길 수 있는 미니 사이즈로 개최.	https://facebook.com/BOSOStarMarket
이스미 라이프 마켓 in 치마치 (いすみライフマーケットinちまち)	매달 둘째 주 일요일	센조보육소부지 (いすみ市松丸 2858)	NPO 법인 '이스미 라이프스타일 연구소'가 주최하는 폐교된 보육소를 사용한 지역 밀착형 마켓. 정원에는 아이들을 대상으로 워크숍도 개최.	http://www.isumi-style.com/event/chimachi.html
Taito 해풍 마켓 (Taito 海風 Market)	연 4회	Port of Call Taito Beach (いすみ市岬市中原192-3)	다이토 해안 근처에 있는 국도변 카페에서 개최되는 마켓. 출점 수는 열 개 정도로 소규모지만 바다를 구경하러 온 김에 들르는 사람들로 항상 성황을 이루고 서퍼들의 참가 비율도 높다.	https://facebook.com/umikaze.jp

나기사 파머스 마켓 (渚のファーマーズマーケット)	연 2회	이치노미야 해안 광장 (一宮町船頭給 2512-81)	지역 농가의 신선한 채소 등 지역의 식자재를 사용한 먹거리 가게, 액세서리 가게, 잡화점이 다수 늘어선다. 훌라댄스 무대, 워크숍 등도 개최된다.	https://www.facebook.com/nagisafarmer
아쓰만베시 (あつまんべ市)	매월 셋째 주 일요일	오타키 허브가든 (大多喜ハーブガーデン, 夷隅郡 大多喜町小土呂 2423)	지역의 개성 있는 장인들이 모이는 즐거운 시장. 보소 농산물과 가공품, 수공예품 등. 개최장에서는 허브 따기도 즐길 수 있다.	http://www.hurbisland.co.jp
오산포 마르셰 (おさんぽマルシェ)	매월 셋째 주 목요일	오자와 공무점 LaCRAS (小沢工務店, 茂原市茂原1047-9)	하이센스 핸드메이드·수공예품 출점자를 모은 여성들에게 인기 있는 마르셰. 공무점에서 운영하는 대여 공간에서 개최.	https://www.facebook.com/lacrasosanpomarche
고모레비노니와 (こもれびの庭)	연 1회 (5월의 토, 일)	모바라 보탄엔 (茂原牡丹園, 茂原市山崎 210)	신록의 계절, 지은 지 2백 년이 넘은 초가집과 그 경작지에서 개최되는 일본풍 녹색의 날. 이틀에 걸쳐 먹거리와 수공예품 등 약 40점포가 출점.	https://www.facebook.com/komorebinoniwa
라이스데이보소 (ライスデー房総)	부정기적	오타키 정	'쌀에 대한 감사'를 테마로 보소 반도 전역에서 생산자, 요리인, 술집, 작가 등이 모인다. 주먹밥, 쌀빵, 쌀라면, 팟타이 등 취향에 신경 쓴 점포들이 출점.	https://www.facebook.com/ricedayboso
BroomGarden March	부정기적	Broom고보 (いすみ市岬町井沢1557-3)	호숫가의 아름다운 허브 아틀리에에서 열린다. 음식, 음료, 액세서리 등을 만드는 출점자를 모아 여는 작은 마르셰.	https://facebook.com/broom30

오하라 어항 항구아침시장 大原漁港 港の朝市

매주 일요일 아침 8시부터 정오까지 이스미 시의 오하라 어항에서 열리는 대규모 아침시장. 여름에는 이

세새우, 겨울은 문어와 해산 특산품을 위주로 갓 잡은 제철 생선, 건어물, 해산물 가공품, 산지 직송 채소 가게들이 늘어선다. 이 책에서 소개한 작은 장사 활동가들이 출점할 때도 있다. 첫째, 셋째 일요일은 어항 위판장에서 열리고 둘째, 넷째, 다섯째 일요일은 어항 주차장에서 개최된다.

장소: 오하라 어항(千葉県いすみ市大原 11574) ※ JR 소토보선 오하라 역에서 도보로 약 20분.

http://www.isuminavi.jp/minatonoasaichi

https://www.facebook.com/asaichi.jp

작은 장사의 '허브'가 되는 장소

명칭	주소	내용	웹사이트
green+	千葉県いすみ市岬町井沢300-1	카페, 매장, 아파트	http://greenplus-boso.com
PORT of CALL Taito Beach	千葉県いすみ市岬町中原192-3	카페, 매장	http://www.portofcall.jp/store/taito-beach
NPO 법인 이스미 라이프 스타일 연구소 (NPO法人 いすみライフスタイル研究所)	千葉県いすみ市岬町長者475	마을 조성 사업, 각종 서포트 사업	isumi-style.com

이주 서포트 사업·제도 등
시정촌의 다양한 지원

지방 가꾸기의 일환으로 현역에서 활발히 활동하는 세대의 지방 이주를 촉진하기 위해 지자체는 다양한 지원책을 내놓고 있다. 이하는 2016년도 이스미 시의 사례이다. 사업과 제도는 연도별로 달라지는 경우가 있어서 상세한 것은 시정촌의 공식 웹사이트에서 확인하기 바란다.

'보조 제도'

◆ 이스미 시 이주 정주 지원보조금

2016년 4월 1일 이후 이스미 시에 이주 정주한 세대 중 만 40세 이하의 세대주가 대상. 첫 생활 거점을 이스미 시에 두고, 주민표도 등록하는 것이 조건.
1세대당 3만 엔, 15세 미만의 아이 한 명당 1만 엔 가산.

◆ 이스미 시 청년세대정주 촉진 집세보조금

2015년 4월 1일 이후에 이스미 시로 이주해 주민 등록을 한 젊은 세대 부부(신청일에 남편 혹은 부인 한쪽이 만 40세 이하인 부부)가 대상. 이스미 시의 임대주택에 살면서, 월 3만 엔 이상의 월세를 지불하고 임대주택에 주소를 둔 후 2년 이상 이스미 시에 정주할 의지가 있는지가 조건.
1세대에 한해 월 1만 엔, 교부 대상 기간은 2년간. 부부 양쪽이 전입자인 경우는 월 5천 엔을 1년간 가산.

'서포트 사업'

◆ 이스미 시 빈집 은행

http://www.uji-isumi.com/akiyabank
현재 이스미 시내에 임대 물건으로서 제공 가능한 빈 주택을 소유한 자들이 등록한 임대 정보를 웹사이트 등에서 공개. 시내에 이주·정주 등의 목적으로 빈집 이용을 희망하는 사람에게 소개하는 매칭 시스템.

◆ 보소이스미 '빈집 견학회'

귀농에 흥미를 갖고 있는 사람, 이스미 시에 이주를 검토 중인 사람을 대상으로 부정기적으로 개최. 과거 견학회에서는 시 담당자의 안내로 오전 중에 시내 빈집을 돌아보고 오후에는 선배 이주자의 집을 방문하는 방식으로 진행했다. 15명 정원 한정으로 취소를 기다리는 일도 종종 발생할 정도로 인기 높은 기획. 모집은 시 웹사이트나 '이스미 생활 정보 사이트'(http://www.uji-isumi.com)에 기재.

◆ 이스미 거주 테스트

이주를 검토하고 있는 사람이 시내 두 곳에 있는 '테스트 이주 시설'을 이용해 일주일 이내 체류를 체험할 수 있는 제도. 시설 이용료는 무료(땔나무 난로를 이용할 경우는 땔감료로 하루 5백 엔). 사전에 정해진 일정 내에서 희망 시기를 결정하고 신청한다. 응모가 많은 경우에는 추첨. 일정을 신청하는 방법 등은 위에 언급한 '이스미 생활 정보 사이트'에서.

마치며

"이스미 시 주변에 재미있는 사람이 늘고 있죠?"라는 말을 들은 것이 이 책의 시작이었습니다.

"그렇죠. 다양한 사람들이 있지만 작은 장사만으로 먹고사는 사람도 꽤 많아요"라고 저는 대답했습니다.

지금까지 '작은 장사'는 대부분 취미나 부업 혹은 소일거리를 전전하는 '잡무 중 하나'라는 맥락에서 이야기되었다고 생각합니다. 하지만 보소이스미 지역에는 자신의 생각과 의지로 시작한 '작은 장사'라는 한 우물만 파며 생활하는 사람들이 있습니다. 저는 이 시골 마을에서 그것이 가능하다는 사실에 흥분했습니다.

"시골에는 일자리가 없다"고 다들 말합니다. 하지만 그것은 정말로 일이 없다기보다 "하고 싶은 일이 없다"는 뜻일 겁니다. 이런 상황에서 자신이 하고 싶은 일을 생업으로 삼고자 전력을 다하는 그들의 힘찬 모습은 '로컬에서 일하기 방식'의 미래를 그려볼 수 있게 합니다.

세계는 어느 곳을 가도 로컬의 집합에 지나지 않습니다. 그렇다면 세계에 나가 활약하는 것도 로컬에서 꿈을 실현하는 것도 다르지 않을 겁니다. 대도시에서 로컬로 눈을 돌려 이주하는 사람이 늘고 있는 지금, 이러한 움직임은 전국의 다양한 지역에서 일어나기 시작한 듯합니다.

IT 기술과 교통망의 발달로 도시에 살지 않아도 하고 싶은 일을 할 수 있는 시대가 되었다고 합니다. 지역에서만 먹을 수 있는 음식이나 전통 문화라는 보물을 찾아내 지역에 돈이 돌게 하는 구조를 만들려고 다양한 분야에서 활동하는 사람들도 등장하고 있습니다.

보소이스미 지역의 작은 장사를 들여다보면 아직까지 주변의 지역 자원을 활용한 생산물이라고 해봐야 주로 먹거리가 대세를 이루지만 저는 그것만으로도 좋다고 생각합니다.

지역 자원을 활용하는 것과 자신이 하고 싶은 일이 상생할 수 있다면 이상적입니다. 하지만 이 상생이 잘 이뤄지지 않으면 만드는 쪽도 의욕이 생기지 않을 테니 지속하기도 힘들 것입니다. 이것은 '지역 자원을 프로듀스한다'는 수순을 밟아서 시작하는 경우에 자주 일어나는 현상입니다. 그래서 우선 만드는 쪽의 의지가 중요합니다. 즉 프로듀서보다는 플레이어가 되어야 합니다. 직접 물건을 만들거나 장사를 하는 사람이 자신의 무기를 갈고 닦은 뒤에야 에센스를 더하듯 지역 자원에 눈을 돌려 도입하는 단계를 밟는 것이 옳은 순서라고 생각합니다. 왜냐하면 만드는 쪽의 의지와 생각 또한 활발한 지역 자원이기 때문입니다. 지역은 번영하고 있는데 정작 사람이 시들어버린다면 아무런 의미가 없습니다.

또한 이 책에서 작은 장사를 정의하는 특징 중 하나로 'Face to Face'를 들면서, 작은 경제권을 풍부하게 하는 대면식 작은 장사를 소개했습니다. 하지만 그것은 역설적으로 인터넷의 힘을 다시 생각하는 계기도 되었습니다.

인터넷은 장소를 가리지 않는 장사를 가속시켰습니다. 어디에 있어도 온라인으로 간단히 주문과 판매를 할 수 있다는 것은 파는 쪽이나 사는 쪽 모두에게 대단히 편리합니다.

실은 저도 이전에 인터넷 판매에 특화된 유기농 식품 회사의 EC(인터넷 쇼핑) 부서에 소속되어 있었습니다. 인터넷에서는 고객의 액세스 로그를 추적하는 것이 간단해서 어떤 상품 페이지를 많이 보는지, 인기 없는 상품은 어떤 것인지 일목요연하게 볼 수 있습니다. 거기에서 정량 데이터를 근거로 좋은 결과가 나올 때까지 상품 가치를 전달하는 방향을 매일 새롭게 조정합니다. 판매 계획과 시책을 입안하는 것도 정량 데이터를 근거로 몇 개의 판매 실험을 더한 뒤에 산출합니다.

그중에서 판매에 관해 가장 알기 쉬운 효과를 내는 것은 고객의 속성에 따라 메시지를 바꿔서 가능한 한 일대일 관계에 가까운 커뮤니케이션을 연출하는 것이었습니다(예를 들면 개인의 관람 이력에 따른 추천 상품을 전담 안내원처럼 제안하는 것도 같은 종류입니다). 이것은 결국 사람을 직접 만나서 판매하는 것이 왜 중요한지를 다시 인식하게 합니다. 그리고 얼굴을 볼 수 없는 인터넷 판매에 한계를 느끼고 그 극단에 위치한 대면식 판매 위주의 작은 장사를 즐겁게 느끼는 이유가 되기도 합니다.

인터넷 판매를 성공시키는 갈림길은 '편리하고 간단'하면서도 어디까지나 장사의 기본에 입각해 인연이 닿은 고객과 지속적으로 커뮤니케이션을 할 수 있느냐에 달려 있습니다. 무엇보다 지금은 고객과 친밀한 관계를 쌓아 가는 인터넷 판매회사나 개인도 많은데, 이것 역시 작은 장사의 기본을 경영에 도입하는 것이 길게 내다봤을 때는 판매에 기여한다는 걸 깨달았기 때문입니다.

지금, 이 맺음말을 쓰는 제 옆에서 이스미 시에 이주한 후 '무점포 프리랜서 파티셰'가 된 아내가 친구와 함께 처음 주최한, 이틀간 열리는 마켓의 첫날을 정리하고 내일을 준비하기 위해 연락을 돌리고 있습니다. 이후에도 밤이 깊을 때까지 케이크를 준비할 모양입니다.

도쿄 케이크 가게에서 일하던 그녀는 아무리 봐도 독립할 타입은 아니었습니다. 하지만 불과 일 년이 채 되지 않는 동안 주변에서 착실히 생활비를 버는 사람들을 보면서 "지방이라는 곳, 도시에선 불가능해 보이던 꿈을 이룰 수 있는 곳인가 봐"라며 커다란 가능성을 느꼈던 것이 이 책을 쓰는 중요한 계기가 되었습니다.

여담이지만 보소이스미 지역에서 작은 장사를 하는 친구들을 취재하고 돌아오는 길에 그들과 나눈 이야기를 떠올리며 흥분하다가 "오래 살고 싶다!"고 느낀 적이 있습니다. 오래 살면서 이 길의 끝을 계속 지켜보고 싶었던 겁니다. 그 정도로 취재하는 매일이 즐거웠습니다. 다만 일에 대한 그들의 진정성에 전염되어 그 부작용으로 책을 제작하는 데에도 전혀 타협을 안 해서 예상 외로 시간이 걸린 것은 오산이었습니다.

그렇지만 제가 사는 지역의 가까운 친구들을 취재하고 글을 쓰는 일은 제게도 의미가 깊은 경험이었습니다. 덧붙여 이 책을 가지고 저도 마켓에서 판매자로 데뷔해볼까 은밀히 계획하고 있습니다. 그리고 앞으로도 전국의 지방에서 자신의 생각과 지역 자원을 활용해 작은 장사를 하며 즐겁게 사는 사람들을 만나고자 합니다.

어시스턴트로 흔쾌히 일해준 도네가와 하루카舎川春佳 씨, 스즈키 마리코鈴木まり子 씨 외 많은 분들의 협력이 없었다면 이 책은 완성되지 못했을 겁니다. 다시금 깊은 감사를 드립니다.

그리고 글과 사진 게재를 허락해준 분들을 비롯해 보소이스미 지역에서 항상 신세를 지고 있는 모두에게 감사드립니다. 정말 고맙습니다.

나가노 현 숲속에서 만난 작은 빵집

몇 년 전 여름 저는 일본 나가노 현의 가이다開田라는 곳에 다녀왔습니다. 그곳은 천 미터가 넘는 고원인 데다 인구밀도도 낮아 자동차 없이는 생활하기 힘든 지역입니다. 저는 매일 근방을 산책했는데 다니던 길보다 좀 더 멀리 간 날 처음으로 방울 소리를 들었습니다. 소리는 점점 더 선명히 들려왔고 인적이 드문 터라 무척 긴장했습니다. 굽은 길을 돌자 등산복을 입은 남자가 보였고 그가 발걸음을 내딛을 때마다 방울 소리가 난다는 것을 인지한 저는 안도와 반가움이 교차하는 기분으로 먼저 목례를 건넸습니다.

"위쪽에서 곰이 나왔다네요. 저 너머로는 가지 마세요."

남자는 차분히 말을 마친 후 조끼 주머니에서 작은 은색 방울을 꺼내 제게 건넸습니다. 그것을 왜 내게 건네는지 모르겠다는 표정으로 손을 내밀자 곰이 가까이 오지 못하게 인기척을 내는 용도라고 남자가 알려주었습니다. 그 지역에 사는 사람이라면 누구나 갖고 있다는 말을 덧붙인 후 그는 다시 가던 길을 갔습니다. 그의 방울 소리가 멀어지는 대신 걸음을 내딛을 때마다 저에게서 방울 소리가 났습니다.

저는 빵집을 가는 길이었습니다. 길을 지나다가 우연히 가게 입구처럼 보이는 곳에 빵집 이름이 새겨진 바위를 보았는데 야생 곰과 야생 원숭이가 일상으로 출현하고 숨차게 걸어야 겨우 집 한 채가 보이는 그런 산골에 빵집이 있다는 것이 신기해서 마음먹고 찾아가던 길이었습니다. 차가 없으면 가기 힘들 거라는 주위의 조언에도 괘념치 않고 말입니다.

입구에 들어섰는데 빵집이 보이지 않았습니다. 아무리 고개를 길게 뻗어 둘러봐도 보이지 않았습니다. 좀 더 걸어 들어가자 '조금만 더'라는 팻말이 보였습니다. 그리고 이어서

포기하지 마
조금만 더
아주 조금만 더
다시 한 번 힘을 내

라는 귀여운 글씨가 적혀 있는 나무 팻말들이 저를 숲속으로 이끌어주었습니다.

'오시느라 고생하셨습니다'라는 마지막 팻말을 지나쳤을 때 방울 소리는 멈췄고 저는 가쁜 숨을 내쉬고 있었습니다. 숨을 고르고 둘러보니 나무로 지어진 오두막이 보였습니다. 이런 숲속 깊은 곳에 빵집이 있다는 것도 놀라운

일이었지만 이미 야외 테라스에선 두 팀이 차를 마시고 있고 주차장에 차도 여러 대 주차되어 있는 것도 놀라웠습니다.

가게 안에 들어가니 빵을 고르는 손님들이 있었고 이미 몇 종류의 빵은 품절 상태였습니다. 가게 전단지에는 지역산 밀가루와 천연효모, 유기농 재료를 사용한다고 적혀 있었습니다. 주인 부부에게 가게가 멋지다고 하니 직접 지었다는 대답과 함께 좀 더 흥미로운 이야기를 들을 수 있었습니다.

원래는 도쿄에서 빵집을 하다가 부부가 함께 세계일주를 한 후 시골에서 규모는 작지만 좋은 소재를 사용해서 빵을 만들 수 있는 가게를 하기로 결심했다고 합니다. 직접 빵을 굽는 남편분이 '고아키나이'라는 말을 여러 번 합니다. '고아키나이'란 작은 장사를 뜻합니다. 아기자기한 나만의 가게로 자신만의 장사를 하는 부부는 자신들의 장사가 '고아키나이'라고 말했습니다. 그리고 이런 깊은 산골이지만 고아키나이 가게가 여럿 있다는 정보도 주었습니다.

저는 그곳에 머무는 동안 빵집 주인 부부가 알려준 대로 고아키나이를 하는 가게를 몇 군데 찾아가봤습니다. 겨울을 제외한 계절에만 가게를 연다는 그릇 가게는 프로 못지않은 솜씨를 지닌 아마추어의 작품을 저렴하게 판매하고 있었습니다. 거스름돈을 두 번씩 내줄 정도로 연세가 많은 할머니가 직접 베틀을 짜서 제품을 만들고 손수 만든 쇼핑백에 구매한 물건을 담아주는 잡화 가게, 식물성 재료와 지역산 소재만 사용해서 만드는 머핀 전문점 등을 방문했습니다. 그런 상품들이 이런 깡촌 시골에서 팔릴까라는 의구심이 들었지만 제가 방문했을 때 어디선가 차를 타고 온 손님들이 물건을 구매하고 주인장과 담소를 나누거나 했기에 십 년 이상 가게를 유지하는 게 비현실적인 일이 아니라는 걸 알 수 있었습니다. 바로 그런 경험을 하던 중 저는 운명처럼 나가노 산속에서 이 책을 만나게 되었습니다.

시골에서 자신만의 장사를 하며 생활을 꾸려 가는 그들을 직접 보았기에 '고아키나이', 즉 작은 장사를 하는 사람들이 점점 늘고 있다는 보소이스미 지역이 더욱 특별하게 다가왔습니다. 읽으면 읽을수록 어렵지 않게 도전할 수 있는 새로운 삶의 대안을 구체적으로 만나고 있다는 느낌이 들었습니다. 한국의 독자들도 이 책을 통해 새로운 라이프스타일을 만났으면 하는 마음이 가득해졌습니다.

'고아키나이'를 어떻게 번역하면 좋을지 많은 고민을 했습니다. 일본에서는 '고아키나이'라는 단어가 하나의 개념어처럼 사용되고 있지만 우리나라에서는 작은 장사를 하는 사람을 특별히 정의하는 말이 아직 없기 때문입니다. 작은 벌이, 작은 장사, 골목 상인, 작은 경영 등 여러 가지를 생각하며 고민한 끝에 고아키나이를 사람 냄새가 풍기는 '작은 장사'로 번역하기로 했습니다. 보소이스미 시가 골목만을 한정하는 것도 아니고, 작은 상인이라기보다는 오히려 자유롭게 살아가는 마음이 넓고 큰 상인에 더 가깝기도 하고, 벌이라는 말에는 고단함이 들어가 있고, 작은 경영은 인간적인 냄새가 덜 풍기는 듯해서입니다. 스스로 구상해 물건을 만들고 얼굴을 직접 마주하며 판매하고 관계를 쌓아 가는 것 전부를 포괄적으로 해나가는 보소이스미 상인들은 규모는 작지만 자신만의 장사라는 것을 해나가고 있습니다. 작은 장사지만 그 덕분에 자유롭고 즐겁게 살아가는 그들의 삶에서 새로운 삶의 대안을 엿보았다고나 할까요.

이 책을 번역하면서 신기했던 것은 마치 제가 이 사람들을 직접 만나 인터뷰한 것처럼 그들의 개성이 글을 통해 고스란히 전해졌던 것입니다. 직접 만나 이야기를 꼭 나눠봐야겠다는 생각이 들 만큼 매력적인 인물들이 많았습니다. 언젠가 실제로 이들을 꼭 만나고 싶다는 바람은 이 책의 번역을 마칠 때까지 사그라지지 않았습니다. 앞으로도 매력적인 사람들과 다양한 삶의 대안들을 한국의 독자들에게 꾸준히 소개하고 싶습니다. 이 책을 번역할 수 있도록 도와준 이들에게 진심으로 감사를 전합니다.

2024년

이정희

옮긴이 **이정희**

대학에서 국문학과 일본문학을 전공. 오염된 환경과 화학물질에
리트머스지처럼 반응하는 아이를 키우면서 자연주의, 안전한 먹
거리, 대안적인 삶이라는 키워드에 관심을 갖게 되었다. 앞으로도
이 키워드를 중심으로 좋은 책을 소개하고 싶다. 옮긴 책으로는
『인간은 왜 제때 도망치지 못하는가』가 있다.

가게가 없어도 잘 팔 수 있어요

초판 1쇄 발행 2024년 5월 16일

지은이	이소키 아쓰히로
옮긴이	이정희
펴낸이	김철식
펴낸곳	모요사
출판등록	2009년 3월 11일
	(제410-2008-000077호)
주소	10209 경기도 고양시 일산서구
	가좌3로 45, 203동 1801호
전화	031 915 6777
팩스	031 5171 3011
이메일	mojosa7@gmail.com
ISBN	978-89-97066-90-2 03300